U0145023

台灣書房

台灣書房

牌²原未一家親

沈佳姍 著

寫在前面

　　幾年前，日本實力派兼內斂型帥哥唐澤壽明（就是演「白色巨塔」的那一位），主演了一部「不毛地帶」的日劇，內容講述一名從陸軍大學第一名畢業的青年才子，在二次世界大戰的期間擔任陸軍幕僚，專門負責擬定作戰計畫。日本戰敗後，因為日本的關東軍（最菁英的日本陸軍）不願意承認失敗，想要繼續戰鬥下去，所以他受命前往中國的東北（原滿州國）勸關東軍放棄抵抗，棄械投降，結果在路途上被蘇俄當作戰犯被俘虜，抓到西伯利亞關11年，受盡艱苦；被放出監獄後，他輾轉進入大阪商事公司，不只要重新學習他不懂的商業領域，也開始另一場一連串人性與商業攻防的戰爭。整個故事看似擬真實虛，實際上對商業史有點心得的人都知道，作者山崎豐子是以伊藤忠商事及其財閥事業版圖為背景，所進行的歷史小說，主角也確有其人（據傳是瀨島龍三）。又故事中所說的五井商事和五菱商事，則是隱喻日本的前二大財閥企業──三井商事和三菱商事。

　　這類以大公司為背景的權力或愛情角力故事，一直以來都是影劇作家們發揮的好題材。台灣的熱門台劇八點檔，從「娘家」、「夜市人生」，到現在正在上演的「父與子」，也從沒脫離過人際關聯和企業商場爭權奪利的主軸。

　　前面說的伊藤忠，在日本眾多的財閥團體中，是屬於第二次世界大戰前後才崛起的新興財閥，目前在日本排名約是第十位，旗下有纖維、機械通訊、金屬、生活用品、飲食、建築、不動產、金融、保險、物流等等各方面產業，台灣大眾對它比較熟悉的是丸紅商事、吉野家和全家便利商店。其中，它旗下僅伊藤忠商事一間公司，2011年初的總資產就有64,000億日圓，以75：1的匯率，約是853.3億美元。

　　那怎樣的企業體才算是「財閥」呢？他最基本的條件有三項：1.生產與資本

高度集中後，成為「獨佔」資本或企業（後期會變成寡佔），2.「多角經營」，3.具有「金融資本」。最後一項的金融資本，簡單說就是產業發展過程中的資金來源，包括銀行資本與產業資本，但最常見的是開設或投資銀行。另外，財閥通常也是單一家庭的集合體，會世襲；雖然家族會從企業外圍聘請專家擔任專業經理人，但真正的掌權人和股票持有人——至少在二次大戰結束後的「財閥解散令」之前——永遠都是家庭中的成員。

■ 1946年財閥解體前日本十大財閥規模（單位：百萬円）

10大財閥別	國內外公司資本金額	僅國內公司資本金佔全國資本金總額的比率（%）
三　井	3,498	9.4
三　菱	3,117	8.3
住　友	1,922	5.2
鮎　川	1,792	5.3
淺　野	594	1.8
古　河	562	1.5
安　田	518	1.6
大　倉	421	1.0
中　島	213	0.6
野　村	165	0.5
計	12,801	35.2

資料來源：安岡重明編，《日本財閥經營史》（東京：日本經濟新聞社，1982年）。

　　台灣的大企業團體，在日治時期是基隆顏家、板橋林家、霧峰林家、鹿港辜家和高雄陳家，被稱為「台灣五大家族」，是地方上最具政經影響力的本省五大家族；二次大戰後因為台灣的經濟變革，又產生台塑王家、遠東徐家、國泰與富邦蔡家、和信與中信辜家（出於鹿港辜家）、新光與台新吳家，被稱為「新台灣五大家族」，是比較可能在未來發展成為類似財閥特質的台灣企業集團，但因為前三個基本條件之故，他們距離成為真正的「財閥」，還有一段不小的距離。

　　根據富比士雜誌發表的富豪排行榜，2010年，台灣首富是郭台銘，但他的鴻海集團因為產業外擴性及影響力，與所謂的「財閥」定義更遙遠。排名第二的蔡萬才家族（富邦集團），以49億美元位居全球166名，也有在本業外努力向外轉投資、擴展觸角，但比起日本財閥家族的經濟力，還是相差甚遠；像之前提到的日本排名第十名的伊藤忠財閥，僅伊藤忠商事一門，總資產就有853.3億美元，是

蔡萬才家族總資產的17.4倍。

　　這些日本的財閥，有絕大部分是源自二次世界大戰之前就興起的經濟大集團。他們大致可以分為4種型態：

1. 江戶時期（1603-1867），以高利貸資本崛起者，如三井、住友。（安田也算，只是他崛起時間較晚，所以歸類在後面）

2. 明治維新時期（1868-1904），以商工業資本或銀行業起家者，如三菱、澁澤、安田。

3. 日俄戰爭或一次大戰時期（1904-1918），因投械資本擴張者，如大倉、古河。

4. 滿州事變至太平洋戰爭時期（1937-1945），急遽膨脹擴展者，又被稱為新興財閥，如中島、野口、鮎川。

　　其中，三井、三菱、住友、安田是日本歷史悠久，勢力也最大的四大財閥。他們成立的時間都約在明治初年或更早。而其經濟實力，根據聯合國的調查，1946年時，僅三井、三菱、住友、安田四家財閥，他們所擁有的企業資本，就佔日本全國企業總資本額的24.5%，財富嚴重壟斷的現象由此可見一斑。雖然這些財閥因為他們過於強大的經濟力，在二次大戰剛結束不久的1946年，就被聯合國最高司令官以「財閥解散令」下令解散，而且因為組織太過龐大複雜，所以花了約3年的時間才分割完成，但每個財閥原本就一家親的性格終究難被抹滅；再加上韓戰爆發，以美國為主的資本主義西方國家開始改變對亞洲的態度，因此過去被迫分割的各個公司在1950年代漸漸連結，再次重組成原本的大財閥體系；只是這時候，就不適合再用感覺比較難聽的「財閥」稱號，而要使用「財團」來稱呼他們了。

　　台灣在近代化和工業開始發展之後，一直以來都深受日本的影響；1895年日本統治台灣後，各財閥的手也隨著帝國力量進入台灣，對台灣的政治經濟運作體

系，或台灣人的生活，產生不小的影響；即使二次大戰結束後台灣曾經有過「積極排日」的時光，但產業和生活上使用的物品很多都還是「日本製造」；尤其1970年代後台灣解禁，開始興起瘋狂的哈日風潮後，各種日本著名品牌再度席捲而來，不用再躲藏地躍上各領域的消費市場上。我們在快樂使用各種日本製產品的同時，通常只會看見該廠牌的本身，而忽略在這些大公司的背後，還有更大的母體公司存在；更不用說是否知道這些母體後的超大型母體，他們成立和奠基的時間，都發生在司馬遼太郎小說《坂上之雲》所說的明治時期（1867-1911），日本一切都在向上爬坡的辛苦努力階段。

　　現在，我們所見到的各大知名品牌，都是不同的母體在爬到山頂後，所見到的美麗雲彩果實。而這本書的目的，就在利用二次大戰之前就已經產生，而且到現在都還圍繞在我們四周，具重大知名度的品牌企業體，藉著提舉出企業辛苦的成長歷程和背後一家親的系譜關係，希望各位在享受便利生活和時尚品牌的同時，也同時注意到市場背後那無形汗水和無形手的存在。

　　當然，若有業務、從商或投資之需時，更應該參考本書：從「母以子貴」或「子承父蔭」的觀點看企業，也是一種投資抉擇的參考。

■ 台北郵局總局附近，（古）三井辦公室，與（今）三菱、日立招牌並列

目次
CONTENTS

寫在前面 2

1-0｜以商業金融成世界第一——三井（MITSUI） 1

1-1｜成就如稻穗結實——豐田汽車 16

1-2｜充滿第一的人生——東芝 23

1-3｜高貴不貴——王子製紙 31

1-4｜就是要你甜蜜蜜——台灣製糖與森永製菓 37

1-5｜啤酒三兄弟——札幌、朝日、惠比壽 47

1-6｜尋找小三——鐘淵紡織、佳麗寶與葵緹亞 55

2-0｜軍工領航——三菱（MITSUBISHI） 67

2-1｜愛的父與子——三菱重工與三菱汽車 82

2-2｜精密不是蓋的——尼康 91

2-3｜東也田邊，西也田邊──田邊三菱製藥   100

2-4｜營養的三明治──大日本明治製糖、明治製糖、
明治製菓   105

2-5｜長頸鹿？麒麟？傻傻分不清楚──麒麟啤酒   113

3-0｜擁有很重的日本錢箱──住友（SUMITOMO）   121

4-0｜日本金融界基底──安田（瑞穗）（YASUDA）   137

4-1｜就是強調日本製造──日產   146

最後尾聲   157

資料來源   161

以商業金融成世界第一

 三井（MITSUI）

「三井」是日本近代的四大財閥之首；在現在的世界排名裡，也是第一名、最大的財團體系。

三井家族的遠祖可以追溯到300年前。根據他們的族譜記載，三井家曾經也是日本平安時代的高級武士，只是後來沒落，三井高俊自願從武士階級降級成為工商業者的「町人」（江戶時代住在都市裡的商工業者）市民階層，在伊勢國的松坂（今三重縣松阪市）開設「越後屋」，經營酒類、味噌釀造買賣及當舖事業。1673年，高俊的兒子三井八郎兵衛高利（也叫三井高利），先後到京都和東京開設買賣和服布料的商店，名稱也叫「越後屋」，就是現在日本知名的百貨連鎖店「三越伊勢丹百貨」的前身。這個三越伊勢丹百貨，原本是三越與伊勢丹的兩大百貨體系，在2008年合併後改名而成。而台灣知名的新光三越百貨，則是1991年由台灣吳火獅家族的新光集團與日本三越百貨合作創辦。

■ 1896三越吳服（和服）在台
　廣告（*台日報）

■ 19世紀三井和服店的暖簾
　（*三井銀行案內）

當時的日本商場不論零售或中盤商，買賣都是採取賒帳和物品不公開展示的信任式制度；也就是說，如果一個人想買東西，就依店門口藍色的「暖簾」圖案進入商店，表明想買的東西，由老闆從隱閉的屋後拿出商品，客人再決定是否要購買（實在太不方便了，難怪中古時候的商品經濟很不發達）。三井高利的越後屋卻一反常規，採用像現在一樣的現金交易和商品公開擺置販售的新方式，不只減少拿不到貨款的風險，也因為方便性而增加顧客的購物慾望，所以漸

■ 1900三井吳服店（東京本店的側面出口）

■ 1900三井吳服店的大阪支店和其陳列場
　（以上*日本之名勝）

漸發達。有了經商所得的充足現金，三井開始在東京、京都、大阪等幾個大城市
開設錢莊「三井兌換店」，更在國家面臨極大內憂外患的幕府時代中期，承辦官
款匯兌：再加上和政府政要之間的「密切善交」，三井於是成為「官商合一」的早
期典範。之後，他們建立統籌一切事業機構的「大元方」，是後來三井合名公司
的前身。

　　明治政府成立初期，三井再取得官銀出納、貨幣發行權，又在國家金融業混
亂的局勢下，被澀澤榮一*慫恿參與創立第一國立銀行等的國家型金融業務，幸好
最後結果是好的。1876年，他們以雄厚的資金和經營經驗，再開設「三井銀行」

---

* 澀澤榮一（1840-1931）是日本的資本和實業家之父。不論在哪個財閥，我們都會一再看到這
　個名字。

■ 1927三井銀行廣告　■ 1876三井銀行開業廣告（以上＊讀賣）

和「三井物產」公司，正式走向財閥的道路。

三井銀行是日本第一家私人銀行，以資本金200萬日圓開設，提供三井家族各種事業發展所需要的資金來源和資金穩定性，到1917年資本金已經變成2,000萬日圓，在日本各地都設有分店。幾經版圖擴充與異名，他現在依舊是日本的前三大銀行集團，名稱為「三井住友銀行」。

三井物產則是日本最早的綜合商社

■ 1910年代三井物產公司（＊日本商工大家集）

（當時的貿易商全都是外國人在經營），是在三井家過去買賣和服布料的基礎上，基於「廣泛輸出皇國物產，輸入內地需要的物貨，促成宇宙萬邦的交流」的目的，更擴大交易的品項和進出口腹地而設立。三井家以三井礦山的事業做擔保，用100萬日圓成立三井物產公司，從事各種民生或產業物品的貿易、運送（物流）、代辦、製造、依托買賣等行業，在全球各地都設有分店；到1909年時，資本金就超過2,000萬日圓了——比三井銀行更有賺頭！以轉手交易為例，他的貿易品項極多，可說是來者不拒。其中比較大宗的交易內容，早期是流通日本國內的橡膠，和利用船運，把它輸出到歐洲為主；1910年代由於民生對紡織製品的需求，轉向以紡織原料和製品的輸出入為主；1930年代後，則因為戰爭經濟，再轉以重工業育成為最重點。但不論在哪個時期，三井物產所交易的物品，都包括米茶樟腦等農作物、木煤炭金屬等能源礦物、火柴布料等製成品，以及機械武器水管等新式或基礎設備……是「從飛機到雞飼料」各種品項類別都包的大型貿易公司。後期，他還新增加資源和技術開發的不同事業領域。

■ 1896三井物產公司各分店廣告（＊三井銀行案內）

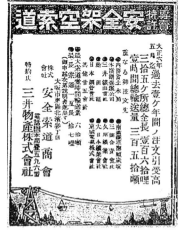

■ 1917三井物產販賣鷹架廣告（＊台日報）

　　在三井銀行和三井物產開設的同一年底（1876），三井再跨足媒體業，創辦每週日出刊的《中外物價新報》，報導一週的經濟重要新聞。這份報紙1885年改為日刊，之後因為擴展，先後更名為《中外商業新報》、《日本產業經濟》，二次大戰結束後成為現在的名稱《日本經濟新聞》（NIKKEI），簡稱《日經》或《日經新聞》，是日本重要的全國性大報紙之一，也是世界級知名的專業經濟報紙；因為它重視經濟面，所以政治立場也比較中立、甚至是親中。而出版該報的日本經濟新聞社，除了還經營東京電視台、日經CNBC以及日經廣播電台，他也是負責計算東

■ 大阪日航飯店旁的日本經濟新聞公司

石炭販賣廣告

三池、田川、山野、金田、豐國、豆田、津波黑、藤棚、本洞、大ノ浦、錐原、滿ノ浦、大辻、伊田石炭及田川熖石、芳ノ谷柚ノ木原、岸嶽石炭等杵島、右ノ通リ弊社ニ於テ一手販賣仕候間左記上候弊社本支店又ハ出張所ヘ便宜御注文ノ程願東京、橫濱、橫須賀、名古屋、大阪、神戶、吳、門司、宇ノ島、若松、唐津口ノ津、三池、長崎、武雄、佐世保、舞鶴、臺北、京城、仁川、其他海外各要港

三井物產合名會社

■ 1904三井賣石炭（*台日報）

日種業營

● 小野田セメント　● 月桑燐寸　● 石炭
● コークス　● 機械油　● 綿布　● 麥粉
● 機械　● 鐵材　● アンメラ
● 木材　● アンメラ
● 麻袋　● 砂糖　● 肥料其他
● 米穀

三井物產株式會社臺南出張所
（電話二五〇〇番）

小野田セメント株式會社製品委賣
大日本人造肥料株式會社製品專賣
日本石油株式會社製品委賣
東京海上保險株式會社臺南代理店
明治火災保險株式會社臺南代理店
共同火災海上保險株式會社臺南代理店
川白煉瓦株式會社製品賣
一手賣

■ 1911三井物產公司台南營業處（*南部臺灣附錄共進會案内）

京證券交易所日經平均股票價格（Nikkei225）的單位，地位不容小覷。

　　話說回來，在成立三井銀行和三井物產的前後，三井也在日本各地購買一些礦山或企業公司，拓展勢力到製造業和基礎工業部門；十幾年後，三井又利用國營產業民營化的機會，先後收購國家級的新町紡織廠、三池煤礦和富岡製鐵所，增設「三井礦山」等公司。其中，三池煤礦被三井買下後，運用新技術大擴張，成為日本最大的炭礦山；而擁有三池煤礦等日本各地十幾處礦坑的三井礦山公司，僅1916年一年生產的石炭，就有350萬噸。隨著1895年中日甲午戰爭、獲得台灣殖民地，和1904年日俄戰爭，國家工商業趁機發達的日本大發展時期，三井集團經營的項目和內容也逐步擴大，在1890年代先後買入東神倉庫（保管貨物：日本倉庫界重鎮）、田中製作所、王子製紙、鐘淵紡織、北海道碳礦汽船（經營石炭瓦斯的輸出入和航運鐵路，也擴及電燈、煉瓦、山林等事業，今尚存）等大型企業，也投資不動產（含牧場）……這些企業對台灣的讀者來說可能很陌生，但若說到田中製作所就是東京芝浦（東芝）的前身、王子製紙出現在今天日本各地大大小小的旅館和廁所中、東神倉庫總位在日本各地的港口邊，以及鐘淵紡織後來發展出佳麗寶化妝品等等，各位或許就會覺得非常熟悉了。

　　1909年，「三井合名公司」成立，取代大元方，成為管理三井集團旗下銀行、物產（含各地的農林事業）、礦山、製造、零售等等各種事業的最高單位。

　　所謂「合名公司」，就是所有的社員（有掛名字的董事，當時就是三井族人）擁有所有資金，但公司出問題，社員全體也要負擔「無限責任」，全部財產都要拿出來賠償。這是公司對社會信用的最大象徵，代表成員們對自家公司的自豪，也是讓三井和其他財閥最大的

■ 1937三井信託在台廣告（*台日報）

三井銀行大阪支店の土佐堀倉庫に於て預かる物品は當分左の如し

米、雜穀、木綿、洋糸、絹糸、葉莨、丁銅、和鐵、晒蠟、亞鉛、生蠟、布苔、細塞天、角塞天、生糸、紡績、綿糸、支那の繰綿、絹糸、朝鮮、藻草

綿、白砂糖、黑砂糖、白下糖、船來砂糖、銑鐵、丁銅、鐵板

東京の深川箱崎町の兩倉庫の倉庫保管料は左の如し

東京深川倉庫・東京箱崎町倉庫　倉敷保管料割合表（火災保険付）

品銘		保管料割合
米	全	金八拾錢（一ケ月）
全國米	全	金壹圓
外國米	全	金壹圓
南京大豆	全	金壹圓
黑豆	全	金八拾錢
小豆	全	金八拾錢

品銘		保管料割合
（無保險）		金七拾四錢
上海大豆		金九拾五錢（百俵ニ付一ケ月）
南京小豆		金壹圓廿錢

（東神倉庫 保管料割合表）

品名		保管料割合
隱元豆	全	金壹圓
落花生	全	金八拾錢
小麥	全	金九拾五錢
大麥	全	金八拾五錢
莢種	全	金九拾五錢
敷	全	金九拾五錢
楝	全	金七拾五錢
鹽	全	金貳拾五錢
〆粕	全	金壹錢壹厘
粕	全（原價百圓ニ付一日）	金七厘
和紙	全	金八厘
洋紙	全	金壹錢
紡績糸	全	金七厘
麻糸	全	金七厘

品名		保管料割合
毛糸	全（原價百圓ニ付一日）	金六厘
メリヤス	全	金壹錢
木綿	全	金壹錢
洋反物	全	金六厘
絨氈	全	金八厘
船皮	全	金八厘
和葉莨	全	金壹厘
和刻莨	全	金壹錢
象皮	全	金六厘
革	全	金五厘
羊毛	全	金六厘
メリケン	全	金壹錢
繰綿	全	金壹錢
支那綿	全（原價百圓ニ付一日）	金九厘

■ 1895東神倉庫在東京某兩間倉庫的保管價格（*三井銀行案内）

不同之處。

　　1914-1918年和1937-1945年的兩次國際大戰爭期間，日本許多企業都順勢發展，三井旗下的各個事業均有大規模地進展，整個三井集團的企業版圖也因為日本在亞洲及全世界的勢力發展而擴張。在二次大戰結束前，三井集團直系企業的業務範圍已經橫跨商業、保險、銀行、信託、礦山、運輸、化學、不動產、船舶；半直系企業主要是原物料和倉庫物流業；旁系企業則包括農林、造船、造紙、航運、紡織、鐵路、製糖、水泥、機械、電氣。而這些直系、半直系或旁系企業，他們的各個事業體都還有再往下分支的許許多多子公司和孫公司。僅到1917年為止，三井家族直接投資的企業的資本額，粗步估計就達1億5,900萬日圓！

■ 1936三井在台灣事業（＊台日報）

■ 1899三井物產販賣物廣告（＊台日報）

台灣在當時作為日本的殖民地，自然不會缺少三井財閥的影子。例如三井物產，就是最早來台灣設立支店的日本公司。它在台灣媒介經手的項目，除了砂糖、稻米、煤炭、燈油、茶葉、政府專賣品（樟腦，鴉片，菸草，食鹽；其中外國煙葉的輸入以三井物產仲介為主，尤其樟腦更是由三井物產獨家經辦），還有「人體」——所以三井物產可說是台灣人力仲介公司的始祖之一。

這個人力仲介的小部門也有名字——「台華殖民合資公司」。在近代化國家發展的過程中，區分本國外國人和控制勞力的輸出入，也是政府行政掌控力發展過程的一環；而且台灣對日本來說，又是不同種族的殖民地，所以對「移動的人口」更需要密切掌握。日本治台之初，就制定清國勞働者取締規則，同時許可三井物產作為外國勞動人口的承包商。1904年，三井物產進一步成立「台華殖民合資」公司，主要承辦中國勞工到台灣的業務：本社位在台北，淡水、基隆、高雄、廈門、福州各地設有分店。1915年，改名南國公司，1940年因為國家政策，將業務轉交給台灣拓殖公司後解散。

此外，三井物產在台灣也不停地合股投資或自行經營其他產業。

例如，三井物產是台灣最早的新式製糖公司——「台灣製糖」公司的最大股東。台灣製糖在1900年創立，是台灣最大的製糖公司（本書後面會再說明）；它的產品皆委託三井物產出售，而且依1903年糖業組合規則規定，非組合員不得經營糖業，結果使得所有的「辦仲」、「糖行」和糖出口商，都相繼變成由三井物產代理。隨著台灣製糖的擴大，他也以糖業為中心擴展產業版圖。像成立位在高

雄的「台灣倉庫」
（1916）、經營熱帶
作物栽培販賣的「南
國產業」（1917）、
研發製造乳菓品的
「森永食品工業」
（1936；由台灣製糖
與森永製菓合資設
立），以及處理建物
和不動產買賣的「台

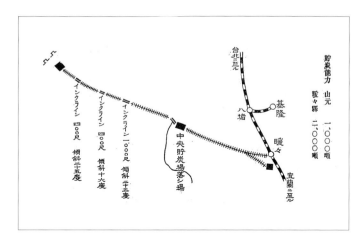

■ 1925基隆碳礦路線圖（＊臺灣炭礦誌）

灣不動產」（1938）等等公司。而僅以糖業製造一項，台灣製糖在1939年前後的
年產量約550萬擔，就佔了當時日本全國砂糖總消費量的30%。

　　又例如，1918年成立的「基隆炭礦」公司，就是由基隆顏家的顏雲年等人與
三井物產共同出資設立，以三井為最大股東，顏雲年擔任副董事長。該公司成立
後將原本顏雲年的59個礦區也納入經營，成為台灣北部最大的煤業公司，煤產量
佔全台煤產能的50%~70%。當時中國人來到台灣參訪，就有紀錄到基隆煤炭工廠
中的三井田寮貯煤所見到的電動化運煤過程：「至三井田寮運煤所。礦所在八
堵，相距七、八里。用鐵索運煤，藉汽力自動；過山處設有活輪。索用雙環式，

■ 1937南國公司的貿易物品包括縫紉機（＊台日報）

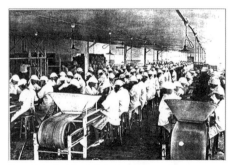
■ 三井合名公司的的台北茶葉加工廠
　（*三井の茶葉）

■ 2012烏來台車由三井合名投資，今為著名觀光財

■ 日東紅茶（*台日報）

煤以筐盛之，筐附索上；煤由八堵運來，以空筐還之。送往迎來，連續不絕；亦便矣。」

　　另外，三井物產也提供其他外部組織經濟上的援助。如林本源製糖公司成立時，為了購買機器設備，曾經向台灣銀行及三井物產貸款40萬日圓；三井物產在台北六館街設立的三井產物俱樂部，在1910年代林本源博愛醫院因為颱風使院舍破損時，一度借給醫院使用，直到該醫院在1916年重建完成。

　　三井物產外，三井集團的勸業銀行在台灣也有很大勢力。現在台北228公園國立台灣博物館前方的土地銀行舊址（今台灣博物館分館），就是原本勸業銀行及三井公司的所在地。三井合名公司在台灣設立的支店，後來獨立一部分

■ 1945財閥解體前的三井組織圖

資料來源：安岡重明編，《日本財閥經營史》（東京：日本經濟新聞社，1982年）。

成為「三井農林」公司，在台灣各地經營水旱田、造林、養蠶、種植蓖麻、製茶等等業務；當時運銷世界的「合名茶」和「日東紅茶」，就是其產品之一。而當1930年代台灣開始發展工業後，三井也來台設立「台灣電器化學工業」（1935），或是讓「東京芝浦電器」來台設立松山和新竹工廠等。簡單的說，翻開台灣各地的歷史，都可以見到三井集團的身影。

■ 四國三井生命公司（保險業）大樓

■ 淡路島附近的三井倉庫

■ 往大阪機場快速道路上的三井化學工廠

根據統計，三井集團總部在1944年時，其屬下的公司已有157家；二次大戰結束，三井被聯合國強制解散後，直系和旁系各大小公司被迫各自獨立，光只「三井物產」一間公司，就被分割成223間小公司，而三井物產也不過是三井集團下的一個企業體而已，由此不難想見三井集團的體系之大。

到1950年代，因為亞洲局勢變化，原本被迫分割獨立的各個三井下的企業單位開始有可以集合之勢時，以三井銀行為首，首先連結過去的直系核心公司，共同組織「月曜會」（星期一會），之後改名為「五日會」、「二木會」（每月第二個木曜日，即週四開會）……現在，則分割組織的參與者，二木會是三井集團傘下各公司的社長聯合會，月曜會則是三井集團傘下，各公

司高級職員間以相互親睦和情報交換為目的的交流會，另外還有三井業際研究所、綱町三井俱樂部等。

　　至於現在還很知名，而且企業名稱沒有掛上「三井」二字的大公司，除了曾經提到的三越伊勢丹百貨、日本經濟新聞、王子製紙、東芝、北海道炭礦汽船，還有東麗（TORAY：源自1926東洋人造纖維，現製造電子與紡織類）、東洋棉花（源自1920三井物產棉花部，以1,250萬日圓的資本金成立）、東洋紡機製造（TOYOBO：源自東洋亞麻）、Aim Services（源自三井物產，從事醫藥業）、東洋引擎、日本製鋼（自北海道碳礦汽船的鐵路部分出，為日本三大製鋼所之一，日本民間兵器製造所的先驅，尤其一次大戰時提供歐洲武器而大發展）、日本製粉三機工業（日本機械製粉之始：製造蕎麥粉，1910年代提供日本全國4成的麥粉）、新日本空調（SNK）、電氣化學工業（由王子製紙提供電力和苫小牧部分工廠，製造化學製品，尤其是人造肥料，販銷海內外；1910年代在世界排名第二名）、Daibiru Co.（建築業，1923由大阪商船‧宇治川電氣‧日本電力三間公司合資設立，2007成為商船三井興產的子公司）等等多間公司。

　　以下要介紹的幾間公司，一方面是台灣目前日常民生生活中耳熟能詳，在他們所屬的產業類別中佔有一席之地的企業，二方面也是在戰前屬於三井集團，戰後依舊保持有較密切連結關係者。

■ 三井二木會（三井集團核心）的26個成員公司

aim service	三井住友銀行（SMBC）*
王子製紙（Oji paper）	三井住友信託Holdings*
札幌啤酒（SANP）	三井住友融資（SMFL）
三機工業	三井生命
JA三井租賃	三井石油
新日本空調（SNK）	三井倉庫
電氣化學工業（DENKA）	三井造船

東洋工學	三井物產
東麗（TORAY）	三井不動產
日本製鋼所（JSW）	三越伊勢丹百貨
日本Unisys【IT】	Suntory Holdings（三得利）
三井化學	商船三井（MOL）
三井金屬	三井住友海上

*SMBC：在台北市政府附近設有台北分行；它也是中信金的股東。
*Holdings：持株公司。
資料來源：三井集團網頁

成就如稻穗結實——豐田汽車

台灣人對豐田汽車一定不陌生，走在路上，不論是台灣的東南西北，一定可以看見豐田廠牌的汽車；而且他因為訴求省油和舒適，是愛家好男人和四處奔走小黃的最愛。雖然豐田和三井集團不是垂直的直屬關係，但因為兩者關係密切，而且在台灣實在太常見了，所以也將豐田汽車放進來談談。

豐田汽車從創設以來，一直都是日本最大的汽車公司；尤其在1973年石油危機後，以其品質和節能的實用性在各地頗受好評，2008年更打敗美國通用汽車（General Moter），成為全世界最大的汽車製造商；雖然在2009年底開始陸續出現品管問題，但依舊是亞系汽車裡

トヨタ スタンダード セダン

トヨタ スタンダード フェートン（幌型）

■ 豐田早期汽車（*トヨタ汽車躍進譜）

的主要品牌。

　　「豐田」的歷史，要從木工豐田佐吉在愛知縣刈谷市創設的「豐田自動織機製作所」（今豐田自動織機）開始說起。

　　1890年，豐田到東京參觀內國勸業博覽會，看到外國的製織機很感動，回家後就嘗試發明了「豐田式木製人力織機」。由於該機器採用的是比金屬便宜很多的木材，在當時充斥外國機種的紡織市場中頗有發展空間，因此得到不錯的銷售成績；這種以便宜材料壓低價格的想法也成為日後「豐田生產方式」的原點。

　　1896年，豐田再度發明可以節省很多人力的「豐田式汽力織機」，1902年進一步設立豐田商會。1920年代，再開發出「無停止杼換式豐田自動織機」，並受到三井集團旗下「東洋棉花」（自三井物產棉花部分出；今東洋棉花，但屬豐田通商）的幫助，在中國大陸設立豐田紡績廠。

　　1929年，豐田佐吉的長子豐田喜一郎為了汽車事情，前往歐美考察，隔年

■ 1900豐田紡織公司在名古屋分店的織廠（*日本之名勝）

■ 豐田最早的紡織機組／豐田佐吉（*トヨタ汽車躍進譜）

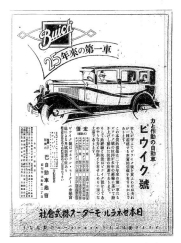
■ 1929通用汽車廣告（*台日報）

開始研究小型的引擎。4年後，以豐田喜一郎為中心，豐田商會利用過去發展紡織機器和機械加工的技術，在愛知縣舉母市設立豐田自動織機製作所的汽車部門，一樣用意思指「美麗肥沃稻田」的トヨダ（TOYODA）「豐田」幫他取名。這個汽車部門

ハイドラフト豐田精紡機

超ハイドラフト豐田自動精紡機（名古屋汎太本洋汽不段博覽會出品）

■ 豐田自動式織機

トヨタ・トラツク（1941年型）

■ 1937豐田卡車車架

■ 1937豐田汽車全廠房

マシンツール製作工場の一部

■ 1937豐田汽車工廠一角（以上*トヨタ汽車躍進譜）

在兩年後又另外成立「日之出汽車」公司（今愛知豐田），開始製造家用型轎車和卡車；再兩年，則合併兩個單位設立「豐田汽車工業」公司，商標就是日文的「トヨタ」（TOYOTA）三個字。現在使用兩個橢圓形成字母「T」的商標圖，有說是代表客戶和豐田互相信任的關係，以及用空間背景象徵豐田無限的技術和市場潛力，則是後來才出現的。

　　不知各位看到這裡時有無發現，雖然中文都是豐田，但在日文書寫和發音裡，原公司名稱尾音中的濁音不見了，也就是從「ダ」（DA）變成「タ」（TA）。據說，這是為了方便向世界行銷，在視覺和聽覺上更簡單，所以改名為トヨタ（TOYOTA），假名八劃的字母筆劃也被認為會帶來好運的緣故。

　　在1930-1940年代的戰爭期間，豐田除了生產日本陸軍需要的軍用卡車，還以汽車製造為中心，轉投資周邊產業，所以陸續設立豐田金融（以販賣豐田汽車為目的：今豐田通商）、豐田製鋼（今愛知製鋼）、豐田工機、東海飛行機（豐田汽車與川崎航空機合資設立：今愛知精機Aisin Seiki）、豐田車體工業（今豐田車體）、豐田理化學研究

■ 1937豐田汽車「自傳」封面

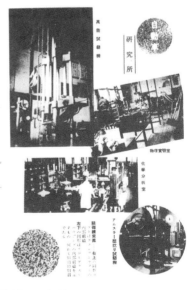

■ 豐田研究所
（以上＊トヨタ汽車躍進譜）

所（1940），也在台灣的高雄設廠開始製造（所以台灣在日治時期就已經開始製造汽車了）。

二次大戰結束後，上述的所有分公司或子公司都因為聯合國的財閥解體政策而被改名、分割解散，出現像關東電氣汽車製造（建鐵道電車，含住宅家具製造：今關東汽車工業）、日本電裝（自豐田汽車獨立：今DENSO）、日新通商（今豐田通商）、名古屋橡膠（今豐田合成）、愛知工業（原東海飛行機，二次戰後改製造縫紉機和汽車用品，今愛知精機）、東和不動產等公司。

1949年，豐田進入中國，成為二次戰後最早進入封閉中國下的資本主義國家汽車公司，並且在1950年韓戰期間，抓到機會大量發展他的汽車和機械工業；同時，因為世界局勢變化，他也在1950年代時，以豐田通商和豐田汽車為主，慢慢結合原本豐田體系下的各個公司，而且與三井集團旗下企業密切合作，互相融資

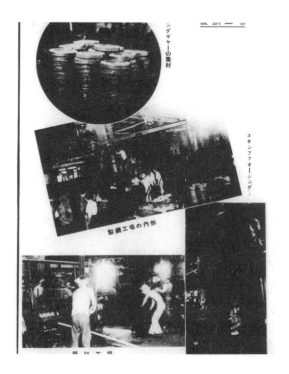

■ 豐田的製鋼工廠（*トヨタ汽車躍進譜）

投資，或者是移轉收購某些部門；尤其在金融、貿易、紡織方面，互動更是密切。

像豐田在1950年雖然有大量生產韓戰所需的卡車，但他實行的人員整理和財政緊縮政策，使公司在勞動爭議外還產生前所未有的經營危機；此時以三井財團為首的銀行團融資緊急輸入，但條件是必須把銷售和製造分開，所以又新設立「豐田汽車販賣」（1982年兩家公司再度合併）。待公司狀況穩定後，豐田再融資，先後設立民成紡績（今豐田紡織）和東和不動產，1957年並開始向美國輸出汽車。又或是像三井直屬的孫公司東洋棉花，就是與豐田通商合作，最後變成合併。

此外，各位看日本地圖時，可能左看右看都會見到「豐田」這個地名。依據日本地名辭典，日本各縣市光是以「豐田」二字為地名的，就有超過32個，如果

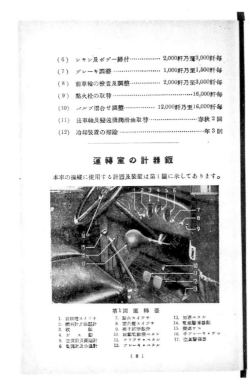

■ 1943豐田使用手冊（＊トヨタ使用手冊）

再加上「豐田前」、「豐田中」這一類的旁支地名，那就更多了。這些豐田地名不一定都和豐田汽車有關係，但是豐田汽車本社所在地的愛知縣舉母市，就是因為豐田汽車的名氣太大，所以在1959年改名為豐田市，豐田本社的地址也更改為「豐田市1號」。

　　只是，豐田既不像日野HINO汽車是日本最早的汽車製造商（日野最初是1910年東京瓦斯工業，1918年開始生產日本最早的汽車工業），不是最早將日本汽車賣到歐美國家的汽車廠牌，也不像三菱汽車有三菱重工業的加持，那他到底是如何成為全球知名、銷售最廣的汽車工業？這在品質之外，還要說到他的國際行銷策略：對貿易自由化的先進工業國從事外銷、對開發中國家進行汽車國產化政策的現地生產策略──簡單說就是針對不同比較利益的國家，配合其政策，再進行企業的全球化布局──當然一部分也要感謝三井集團在海外力量的幫忙。尤其是1970年代能源危機後，豐田汽車重量輕、省油的特質大受各國消費者青睞，所以業績極快速的爬升。於是，在日本國內的自用車之外，豐田向國外販賣的汽車總數，在1969年達到100萬台，1975年達到500萬台，1979年達1000萬台，1985年達2000萬台⋯⋯又若僅以日本國內的汽車產量計算，豐田在1999年就達到國內生產總計1億台車的成績！豐田的驚人業績，從這裡可以略見一端。

　　目前，豐田旗下除了之前所提的各間公司、豐田中央研究所和豐田工業大學等研究開發訓練單位，以及跨足去經營住宅、金融、智慧型運輸系統（ITS）、無線通信、賽車（GAZOO）、海事航運、農林化學、保險、醫療等等各產業的直系子孫公司，他還在1982年併下日野汽車HINO、1998年併下大發汽車DAIHATSU（創於1907年，生產內燃機，1951年更名為大發汽車），又在2005年美

■ 1930豐田通商夥伴─日野汽車的廣告
　（*台日報）

國通用汽車債務危機前後，收購他的部份資產，成為富士重工業及五十鈴汽車的最大股東（五十鈴汽車Isuzu Motors：石川島播磨重工業的汽車部門，1910年代獨立，曾改名東京汽車工業，在1945前與日產汽車、日野汽車有分合關係）。就事業版圖來看，豐田也可以算是一個自成一國的小小財閥了。

■ 豐田集團的會員公司們

豐田自動織機（TOYOTA）	豐田紡織（TOYOTA BOSHOKL）
豐田汽車（TOYOTA）	東和不動產
愛知製鋼（AISIN）	豐田中央研究所
JTEKT【機械、汽車】	關東汽車工業
豐田車體	豐田合成（TOYODA GOSEI）
愛知精機（AISIN）	日野汽車（HINO）
DENSO【原日本電裝】	大發工業【汽車】（DAIHATSU）

說明：以上全是股份有限公司。
資料來源：豐田集團網頁

充滿第一的人生——東芝

　　東芝（TOSHIBA）目前是世界排名第9的綜合電機廠商、全球第2大NAND型快閃記憶體（Flash Memory）廠商、世界第5大個人電腦製造商；與安田集團的日立製作所、三菱集團的三菱電機，一起被稱為「日本的綜合電機製造者三公司」。他在2011年時，資本金有4,399億日圓，資產總額36,782億日圓，僅總公司的一年收入就有35,910億日圓。他的產品類別包括通訊資訊、電子、家電、半導體、醫療用品，以及重電機、軍事機器、鐵道車輛等重工業；以「東芝」的總公司為首，旗下有超過130間的直系子公司。

　　那東芝是如何出現，與三井集團又有什麼關係？

　　現在的東芝是「芝浦製作所」與「東京電氣」兩間公司的合體，名字也是取自兩間公司抬頭的第一個字。這兩間公司對東芝的產業發展各有不同的貢獻。

　　「芝浦製作所」的最前身，是1875年田中久重在東京銀座地區創設的電信機工廠「田中製作所」，專門製作電子和蒸汽機設備；在這之前，田中久重就因為發明了萬年時鐘、不滅燈，和機械人形，而被稱為「江戶時代的愛迪生」，只是開設田中製作所時，他已經76歲@@1893年，製作所被三井家族買下，1904年改名成為「芝浦製作所」，在先天體質良好和三井家族豐沛的資金支助下，穩健成長。1906年時，已經擁有機械部門的第一和第二工廠、捲線工廠、木形木工廠、鑄造工廠、製罐工廠、鍛冶工廠等等不同屬性的工業廠房，工作的職員工人平均每天有800人，製品類別有汽機汽罐、耐震煙囪、幫浦、起重機、發電機、電動機、電氣鐵道用具、電燈、變壓器等等，製品在各國博覽會中屢得獎牌。此外，這個製作所不僅是日本第一家進行電報相關設備工作的單位，也開創許多日本電

■ 1894芝浦製作所營業廣告
　　（*芝浦製作所六十五年史）

■ 1895芝浦製作物（*三井銀行案内）

■ 芝浦製作所商標變遷
　　（*芝浦製作所六十五年史）

■ 1906芝浦製作所（*日本商工大家集）

■ 1895芝浦製作所發電機組裝工廠

■ 1907芝浦製作所工廠

■ 1925芝浦電扇
（*台日報）

■ 1930芝浦1萬瓦變壓器
（巨型機具）（*芝浦
製作所六十五年史）

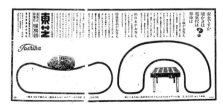

■ 1930芝浦暖氣空調（*台日報）

■ 1940芝浦電車與阻電設備
（本欄*芝浦製作所六十五年史）

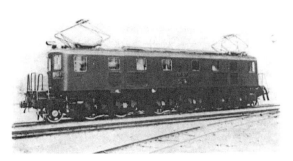

■ 芝浦製作所之電氣火車（*芝浦製作所六十五年史）

機製造界最早開始的第一。例如製作水車發電機和電風扇（1894）、電動馬達（1895）、X線管（1915）、收音機用送信管（1919）、二極體燈泡（1921；世界電燈界的6大發明之一）、收音機（1924）、電器洗衣機和電冰箱（1930）、電器掃除機（1931）、150KW大電力放送機（1936，為了NHK而製造）等等。他也在1928年與日立製作所、川崎造船所（今川崎重工業）一起開發日本最早的鐵路幹線用大型電氣火車。

　　與田中製作所開創期間的同一時期，藤岡市助、三吉正一在1890年，在東京的京橋地區也創設以製作燈泡為主的「白熱舍」，是日本最早製作白熾燈電燈泡（炭素電球）的公司；「白熱舍」後來也被三井家族收購，在1899年改名為「東京電氣」──這個東京電氣公司與2011年負責福島核災的東京電力公司沒有關係，但是他的後代，也就是現在的東芝，與東京電力公司倒是有不少合作關係。

■ 1928東京電氣瓦斯球

■ 東京電氣無線電廣告（以上*台日報）

　　1939年，正值中日戰爭期間，東京電氣與芝浦製作所合併，成為「東京芝浦電氣」公司。除了在初級工業的部分繼續發展製造，創造日本最早的螢光燈（1940；台灣又名霓虹燈），另方面也朝重型機械和軍需工業發展，製作出日本國內最早的雷達（1942）等大型設備。此外，合併後的東京芝浦電氣也不停吸收其他公司。例如合併日本醫療電氣公司，擴充他的家庭電器產品產業；吸納東邦礦業、東洋耐火煉瓦，擴大他的通信機產品產業。

■ 芝浦製作所電力設備

■ 1939芝浦製作所電機廣告
（以上＊芝浦製作所六十五年史）

　　二次世界大戰後，隨著財閥解體政策，東京芝浦電氣公司同樣從三井集團中被分化出來，自己獨立成為一間公司，而且他因為「過度經濟力集中」，所以一部分的工廠被另外再獨立出去，成為「西芝電機」公司（所以「西芝」不是仿冒品牌）。但是，這並不改變東芝主企業體發展大型電器工業的態度。東京芝浦電氣除先後合併電業社原動機製作所（1910創業）、石川島芝浦渦輪（1936創業），擴充他的水車和渦輪產業，成立東芝車輛（1945）、東芝音樂工業（1960）公司，期間更屢在大型電器使用的雷達、發電機、變電所、衛星通信裝置、郵件自動處理製置（世界最早）等等大型基礎設備有創新發展。在大眾日常生活實際接觸到的民生層面，也創設日本最早的微波爐（1959）、電鍋、交諮會數碼電腦（1954）、晶體管電視、彩色視頻電話（1970；世界最早）、真空管彩色電視（1975）、磁共振成像系統（1982）……1984年，東京芝浦電氣正式改名為「東芝」，之後又是不停的研發新產品和新技術，例如世界最早的HDD和DVD記憶體設備（2001）。

　　其中，東芝音樂工業是東京芝浦電氣在1960年將唱片部門獨立出來而成立。

■ 1940石川島渦輪與芝浦製品（＊芝浦製作所六十五年史）

■ 1935台灣博覽會的芝浦製作所電扇
（＊臺灣電氣協會會報）

■ 鐵牌：東芝電泡
（國立臺灣歷史博物館提供）

1973年，因為美國EMI集團（百代唱片）出資，所以變更公司名成為東芝EMI，就是現在EMI Music Japan Inc.的前身；而且1993年後，也從音樂跨足到電影戲劇等影劇傳播業。而他的「東芝牌邦樂盤」和「東芝牌電唱機」，或是東芝製藥的可樂淨（針劑）、東芝牌自動定時時鐘、中日技術合作製造的日光燈炮……都為1940-1960年代的台灣人帶來不少心情上的愉悅，或是生活上的便利性。

　　之後的東京芝浦電氣和改名為東芝後的集團發展，還包括拓展出東芝國際（1970）、東芝電器、東芝住宅、東芝化工、東芝物流（1974）、東芝照明（1989）、桑貝東芝（1977：收購巴西企業）、東芝美國信息系統（1989）、東芝開利（1999）、東芝泰格（零售業條碼機等產品）、東芝三菱電機產業體系（2003，東芝與三菱旗下一部份產業的合作合併）等等不同的事業體子公司，以及2006年再收購美國的西屋電氣公司（Westinghouse）。現在，不論是家電、電池、電子用品、真空管、半導體、原子能（核能）、醫療機器、重電機、軍事機器例如地對空導彈、鐵道車輛及其電力設備和電子連動裝置、手機如PHS和KDDI、廣播用的放送機具、不動產……處處都可以看到東芝的影子；他的觸角比我們想像中的電子用品還深廣許多。

■ 東芝的源流

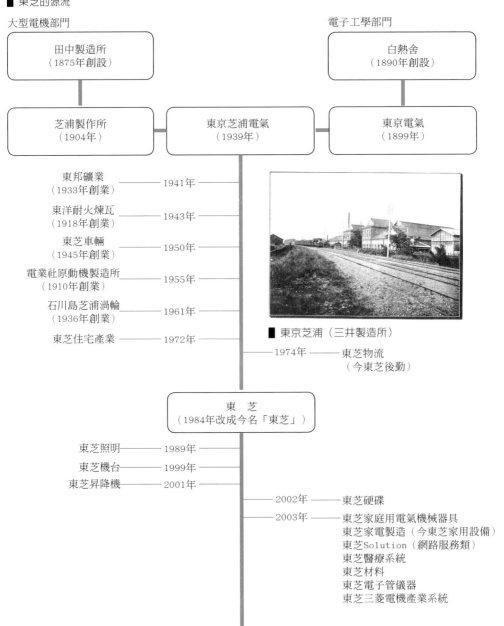

大型電機部門

田中製造所
（1875年創設）

電子工學部門

白熱舍
（1890年創設）

芝浦製作所
（1904年）

東京芝浦電氣
（1939年）

東京電氣
（1899年）

東邦礦業
（1933年創業）——— 1941年 ———

東洋耐火煉瓦
（1918年創業）——— 1943年 ———

東芝車輛
（1945年創業）——— 1950年 ———

電業社原動機製造所
（1910年創業）——— 1955年 ———

石川島芝浦渦輪
（1936年創業）——— 1961年 ———

東芝住宅產業 ——— 1972年 ———

■ 東京芝浦（三井製造所）

——— 1974年 ——— 東芝物流
（今東芝後勤）

東　芝
（1984年改成今名「東芝」）

東芝照明 ——— 1989年 ———

東芝機台 ——— 1999年 ———

東芝昇降機 ——— 2001年 ———

——— 2002年 ——— 東芝硬碟

——— 2003年 ——— 東芝家庭用電氣機械器具
東芝家電製造（今東芝家用設備）
東芝Solution（網路服務類）
東芝醫療系統
東芝材料
東芝電子管儀器
東芝三菱電機產業系統

資料來源：日本東芝網頁

高貴不貴——王子製紙

　　不知道各位有沒有去過北海道？或是聽過「苫小牧」這個地名？

　　北海道在明治初期的日本，還是個「化外之地」，是不屬於日本天皇或將軍幕府管轄範圍的原住民「蝦夷」的居住地區；直到1868年幕府海軍跑去佔領，年底成立蝦夷共和國，結果隔年年中在戊辰戰爭中被明治新政府打敗後，才正式成為日本國的國土。因為北海道較晚開發，土地遼闊、天然資源豐富，所以是當時日本新政府「放養」企業主、投資客，和國家剩餘人力的好去處。而在北海道，除了近年備受台灣人喜愛的薰衣草和「××之森」巧克力，還有一個歷史悠久而且很大的企業組織——「王子製紙」（Oji Paper Co.）。

■ 1918王子製紙公司簡介本的封面（＊王子製紙株式會社案內）

　　「王子製紙」這個名字大家可能比較不熟悉，但說起他的事業版圖，相信很多人都會嚇一跳。他開始於「日本企業之父」和「日本資本主義之父」的澀澤榮一創建的抄紙公司，是日本第一家製造洋紙的造紙廠商，從事各種紙製品的製造和加工；截至2010年，王子製紙集團已經擁有全球250多間的子公司；僅在造紙業這一個領域裡，就已經是日本第一大，世界前三大的紙品生產商。

　　這個故事要從澀澤榮一1875年在東京府下的王子村建設的抄紙工廠說起。最早的一開始，澀澤榮一就像東漢的蔡倫一樣，利用破布當原料開始抄造製紙。1876年，他將商號變更為「製紙」公司，然後在接觸西方科技後，引進新的造紙技術，1889年在日本東北靜岡縣的氣田工廠，開始用木材作為原料造紙；1893年，才將公司名稱冠上創業地的地名，成為「王子製紙」公司。

又在製紙企業發展的過程中，因為製紙所需的原料和能源需求，所以王子製紙也另外發展出水力發電（含電氣）、鐵路、森林等等事業。

先是，王子製紙為了製紙所需的原料，在各地購買林產；接著，又為了工廠

■ 1927王子製紙北海道工場被報導（*讀賣）

所需電能，而開發電力事業。

　　他最有名的電力事業，也是和三井家發生關係的開始，就是1910年，王子製紙為了滿足國內報紙用紙的需求，所以在北海道開設苫小牧工廠：完成後，為了電力供給問題，又想建設水力發電廠，但因為地權和需要大量資金，就請三井合名公司資助，也開始兩造的合夥關係。於是在1910年4月，利用千歲川的水力，完成「千歲第一發電所」，有每小時10,000千噸的產能，是當時全日本最大級數的水力發電所。之後，王子製紙與三井集團密切合作，甚至最後被三井集團買下！！在1916-1941年間，僅在千歲川的主支流上，就陸續蓋了5個水力發電所，產生的電力也提供給其他企業和北海道電力公司使用。期間，王子製紙為了發展

景全場工坂大

所電發湖笏支場工牧小苫

■ 1918苫小牧工廠支笏湖發電所

室上仕場工坂大

口入引路水及堤堰湖笏支

■ 1925王子製紙之大坂工廠

■ 1918支笏湖堤堰及水路引入口
　（以上＊王子製紙株式會社案內）

自己的發電事業，乾脆在1926年買下札幌水力電氣，改名成「北海水力電氣」公司；兩年後又在北海道的另一條支流雨竜川開發水力發電，設立子公司「雨竜電力」，還買下北海道帝國大學部分的實驗林地。

■ 王子製紙在樺太豐原旭岡的林場
　（*台灣農事報）

■ 1918王子製紙的樺太鐵道（大泊工廠）
　（*王子製紙株式會社案內）

■ 王子製紙在菲律賓的橡膠栽培
　（*台灣農事報）

　　解決了原料與能源問題，還需要有運送木材的交通設施。就像糖業公司為了運糖和甘蔗而興築五分車糖業道路一樣，王子製紙也為了運送製品和原料，在各地工廠與聯外道路之間鋪設森林鐵路的軌道路線；這些鐵路聯絡網隨著王子製紙在日本各地的設廠而擴張，連北海道鐵路也成為他的企業體系之一。於是，從土地、水力和鐵路，王子製紙（和背後的三井媽媽）可說是快把整個北海道包下了。（各位日後若去北海道可以注意一下，是否處處掛名「王子」或「三井」。）

　　1933年，王子製紙再併下富士製紙、樺太工業，於是當年的總產量就佔了日本全國洋紙生產總額的80%。此外，王子製紙有「一工廠生產單一品種紙」的製造原則，所以各地方工廠製造的品項都不一樣。企業體本身的發展，再加上國家勢力的向外擴張，原本屬於

俄羅斯領土的南樺鐵路、樺太電氣、樺太鐵路（今庫頁島。該地從中國割俄，又被日本佔領。二次戰後再成俄土），也都有王子製紙的勢力分布其中。台灣1944年在高雄小港成立的「東亞製紙」公司（二次大戰結束後被接收，成為中興紙業公司），也是王子製紙旗下的一間小公司，在當時有不動產約337萬日圓，流通資產154萬日圓；主要使用台灣製糖公司提供的蔗渣來製造袋用牛皮紙。又在戰爭期間，王子製紙雖然因為國家電力統一的政策，有部份單位例如水力發電公司被國家吸收後解散，但他的企業體本質依舊龐大。

二次世界大戰後，王子製紙在海外的工廠和事業被沒收，而日本本國內的事業群，一樣因為「過度經濟力集中排除法」，在1949年被迫解體。其中製紙產業最主體的王子製紙被改名成為「苫小牧製紙」公司，其他一些業績較大的工廠，則被分化獨立，成為本州製紙和十條製紙公司（後來成為日本製紙，1970年再與王子製紙合併）。1952年時，又因為廢止「財閥商號使用禁止等」的政令，苫小牧製紙改名成為王子製紙工業，然後在1960年，再度回歸原名「王子製

1937王子製紙與明治製糖合作，在台灣麻豆（臺南州）共同出資成立紙漿新公司（＊台中州甘蔗競作會）

1950王子製紙解體廣告（＊讀賣）

紙」，並且吸納他二次大戰前的原屬單位；接著1970-1990年代，王子製紙又是一連串不停的合併其他公司與成立新公司。

但是，他也不是所有的產業或設施都持續保留下來。像過去常用的林業鐵道，就在1970-1990年代改變為卡車運輸的交通方式過程中，漸漸被廢除，目前還剩下連絡深川市和名寄市的深名線，和工廠專用道路的函館本線（江別駅）、室蘭本線（苫小牧駅）、東海道本線（富士駅）、中央本線（中津川駅）、長崎本線（久保田駅），以及從苫小牧工廠到支笏湖之間的輕便鐵道（通稱「山線」）等等。

現在，截至2010年，王子製紙集團的子公司有250多間（包括「森紙業」公司集團），投資公司有70多間，日本國內86多家工廠，國外35間工廠；資本金有1,039億日圓，總資產16,141億日圓，一年販賣額11,473億日圓。他的事業範圍不僅有從衛生、高級和工業用紙，到紙容器、黏性紙、紙袋、感熱紙等紙類加工製品的製造販賣之極多元製紙品項，還包括從紙業衍生出的研究所、造林綠化相關、不動產、通商、物流、機械、紙文化等等。下回您去北海道參觀，或是使用日本各地的廁所或餐廳時，請順便看看王子製紙是不是就在您身邊～。

■ 王子製紙集團的一些企業表（其他以「王子」為名的公司極多）

油母合作	Apica【紙製文具】
森紙業	王子計測機器
佐賀板紙	新日本snfcore【建材】
協同紙工	王子鮭魚【飲食品】
本州ream 【ream：二十刀（紙張計數單位）】	Ocean-trans【航運、運輸】
九州包裝	旭洋紙紙漿
志那化學工業	Hotel New Oji（北海道苫小牧市的飯店，近期已歇業）
Chuetsu 【印刷、包裝、加工、不動產】	平田倉庫
DHC銀座【空調】	苫小牧共同酸素（nitrogen）

說明：除「油母合作」與「森紙業集團」（下再有幾間公司），以上均是股份有限公司。
資料來源：王子製紙集團網頁

就是要你甜蜜蜜——台灣製糖與森永製菓

台灣製糖公司是現在台糖公司的前身之一，也是台灣第一家現代化製糖企業。他於1900年由三井家及毛利家等，以100萬日圓的資本額成立，本社位在屏東市竹園町，高雄的陳中和家族也有投資。1902年，他在當時打狗附近的橋仔頭（今高雄縣橋頭鄉）建立台灣第一間新式製糖工廠，同年開始製糖事業。5年後，橋仔頭專用鐵路通車，也開設酒精工廠（今台糖屏東廠）；是台灣糖業專用鐵路，和利用糖蜜製造酒精的開始。該公司產品皆委託三井物產公司經營管理。

那他的事業到底有多大？僅在台灣一地，1910-1916年間，台灣製糖就先後合併台南製糖、埔里社製糖、台北製糖，增購機械製糖設備；到1917年時，他已經有資本金2,980萬日圓，擁有土地18,000多甲（約5,281萬坪，不含鐵道用地），種植甘蔗面積38,000多甲（約11,149萬坪），專用鐵道約600哩，製糖工廠13處，酒精工廠2處，一晝夜壓

■ 高雄橋仔頭製糖所（*臺灣製糖株式會社史）

■ 1902台灣製糖導入之台灣最早的發電機（*日本商工大家集）

■ 灣裡製糖所（*臺灣製糖株式會社史）

■ 1937臺灣製糖株式會社，甘蔗買收
價格並栽培獎勵規程（*糖業）

■ 高雄橋仔頭酒精工廠（*臺灣製糖株式會社史）

臺灣製糖株式會社社歌

一
朝日にかがやき夕日には
見れども見れども梨なき畔圃
高砂嶋に咲かたく
伸びゆく世界に示す
吾等は臺灣製糖の
光榮ある歴史に光を源へむ

二
質實剛健庭園の
勤しみ努め勵む鶴に
胸より胸に春風のよひ
さなから臺灣吾等は
吾等は一つの家族
光榮ある歴史に光を源へむ

三
めでたき瑞竹めでたき瑞群
栄ぎ長き御蔭とあふぎ
心をみがき逃まむ共に
力を協せ上げまむ共に
吾等は臺灣製糖の
光榮ある歴史に光を源む

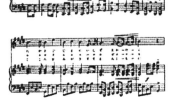

■ 台灣製糖公司社
歌（*臺灣製糖
株式會社史）

榨原料甘蔗重達7,820英噸；年收入達2,083萬日圓，製糖能力是台灣各糖業公司總合的30%，酒精年製造量相當全日本製造量的50%，每年還有超過200萬擔的分蜜糖及精製糖向日本國內各地及海外輸出。

當時有位中國大陸的學者官員來台灣參觀，對台灣製糖的工廠印象深刻。他在《台灣遊記》記下：

到台灣製糖參觀各工廠。其製糖機之種類及順序，約而言之，如壓榨機、清淨釜、沉澱槽、結晶罐、分蜜機等，規模宏大。其資本與實力可占東洋糖業第一位。試舉該公司最要之點如次。

查該公司係於明治33年（1900年），台灣總督府極力保護，以100萬元之資本創立開始。其後逐年擴張，現資本金號稱2,750萬元之巨額。其實以各項財產統計，已超過此數（如公司所有地一項，其投資額與時價之差額已超過百數十萬元，此其一例也）。工廠共有數處，如橋仔頭、後壁林、車路墘、灣裡、三嵌店、鳳山等處，除製粗糖外，兼營精製糖、酒精（酒精為製糖副產物）。甘蔗之耕種採取，皆用新式機械。公司專有鐵道，延長四百哩有奇。滊車、貨車輛數在2,000以上。專有滊艇、艀船四十餘隻。公司自有（土地所有權）耕地，約15,000餘甲（一甲當我國十五畝餘）。目下一晝夜之製糖能力（指甘蔗壓榨能力）實有7,300噸，幾占台灣全島製糖總能力三分之一。蓋該島目下各公司之製糖總能力，實26,160噸也。

〔附記〕台灣製糖事業極盛，資本豐富，占產業上重要之地位。茲舉其資本金在百萬元以上之製糖公司如次：

1. 台灣製糖公司　　　　　2,750萬元（按：指當時的日圓）

2. 大日本製糖公司　　　　1,200萬元

3. 鹽水港製糖公司　　　　1,125萬元

4. 東洋製糖公司　　　1,100萬元

5. 新高製糖公司　　　500萬元

6. 台南製糖公司　　　300萬元

7. 明治製糖公司　　　120萬元

　　光只是1917年的台灣製糖公司，就已經大得好可怕了，還不包括他之後不停的擴大與兼併其他公司。⊙⊙*比較特別的是，台灣製糖也在高雄一帶再衍生出「台灣倉庫」（1916）、經營熱帶作物栽培販賣的「南國產業」（1917）、研發製造乳菓品的「森永食品工業」（1936），以及土地和房地產仲介的「台灣不動產」（1938）等公司。二次大戰結束後，台灣製糖在台灣的資產，與大日本製糖、明治製糖、鹽水港製糖的在台資產，一起被合併成為台灣糖業公司；而在日本內地的資產，則成為台糖公司繼續存續，2005年被三井製糖正式合併。

　　至於在台灣製糖公司另外衍生出的公司中，「森永食品工業」是台灣製糖與森永製菓（Morinaga）各出資一半所設立的公司。森永製菓與三井集團雖然也沒有垂直的母子關係，但因為他的一部分組織在日治時期的台灣，與三井物產和三井物產的子孫公司「台灣製糖」，關係密切，有強大的合作合資關係，而且不論是日本內地的森永公司，或是在台灣的森永公司，他們所製造的產品或在台灣的活動，都是當時台灣人日常生活記憶中的一環，所以這裡要特別提一下森永製菓

---

*　在殖民地政府的扶植下，其他中小型製糖廠如新興製糖、台東製糖、台南製糖、林本源製糖、帝國製糖等皆為三大財閥所併吞。到1930年代，日本製糖業的三大財閥，三井系──台灣製糖，三菱系──明治製糖、鹽水港製糖，藤山系──大日本製糖、新高製糖、東洋製糖，在資本上佔全台灣製糖產業總資本的87%，生產量的83%。而且，他們在生產、販賣、銷售上共同合作，進一步形成台灣糖業的寡頭獨佔，並由此獲得的豐厚利潤再發展關係企業，兼營土地開發、水利灌溉、鐵路運輸、海上運輸、酒精製造、紙漿製造、食品加工、製鹽、乳業、化學工業等等，大幅擴大其經濟範圍。現在的台糖公司，就是承繼日本時期台灣所有的糖業公司；由於媽媽太富裕，繼承家產的台糖公司的規模自然也大到不行。

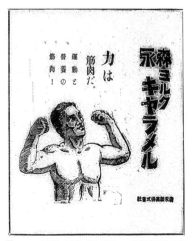

1924因為有牛奶成分，號稱吃了會
強壯壯的森永牛奶糖廣告
（＊台日報）

1932日本最棒baby用的
森永牛奶（＊台日報）

1938森永牛乳
（＊台灣婦人界）

1937森永食品工業（＊台日報）

和他與三井集團的故事。

　　森永製菓，就是大人小孩都喜歡而且好熟悉的森永牛奶糖的製造公司，也是一間超過百年歷史的老公司。他的本社位在東京都港區，現在的事業範圍，包括菓子（牛奶糖・餅乾・巧克力）、食品（可可亞・蛋糕）、冷菓（冰淇淋）、健康飲品、乳業、生技等等。

　　森永的創辦人森永太一郎（1865-1937：日本前首相安倍晉三的太太就是他的曾孫女），出生在肥前伊萬里（今佐賀縣），從名字「一郎」就可以知道他是家

裡的長男。他從小生長在販賣陶瓷器和魚類的中盤商家庭，這個店面在他祖父還在世時非常繁盛，是當地最好最大的陶器中盤商，也掌管當地的漁業權。可是，他6歲時父親病死，從此家道中落，家庭的財產被移轉，母親再婚，森永只好輪流被各個親戚撫養。當他轉住在伯父山崎文家時，森永學習到作為一個商人應有的良心和販售方法；他12歲再轉住到伊萬里一間大店「堀七」時，又向店主人學到許多營商的方法。

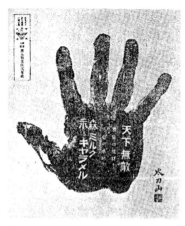

■ 1918天下無敵的森永牛奶糖
（*台日報）

有商人家族傳統的森永，也開了一間買賣陶瓷器的店「有田屋」。初開始時經營的很不錯，但沒多久就因為經營不善而破產，森永於是成為另一間陶器業者的店員。約23歲時，他帶著大批的陶器到美國去賣，卻失敗了。在異地失意地盲目漫遊的過程中，偶然間，森永看到一張卡拉梅爾奶糖（caramel：含焦糖的甜點）的包裝紙，當下就產生「把這個帶回日本販賣」（以及把基督教帶回日本傳道）的想法。

回日本不久後，森永再次到美國，學習製作麵包、蛋糕、餅乾糖果等西洋甜點的技術。十多年學成歸國後，森永以「在日本普及西洋甜點」的夢想，1899年在東京赤坂設立「森永西洋菓子製造所」；當時的「廠房」只有兩坪大，以名稱為「天使的食物」的棉花糖（marshmallow）為主力商品，但是銷售的情況非常不好。然後，森永也販賣巧克力、牛奶巧克力、餅乾（biscuit），和有焦糖色的卡拉梅爾奶糖（caramel，就是大家熟知的森永牛奶糖），並且以「健康、營養」為號召（因為含有牛奶），才吸引一點日本人對西洋甜點的注意。又為了替甜點們打開市場，森永一方面將甜點放在有玻璃箱的手推車中移動販賣，吸引路過的消費者，二方面又從各國的公使夫人和新聞廣告

下手，終於讓他的甜點事業稍有起色。

1902年，森永商店改為現在的名稱「森永製菓」公司。3年後，為了「讓孩子們歡喜」，森永替產品們設計了可愛的歐式小天使張開大大的翅膀，雙手握著森永姓名首字「M」的商標圖案，也象徵著夢想會搭乘著天使張開的翅膀而愈飛愈廣；標題語則使用「美味 歡樂 健康」（おいしく たのしく すこやかに）。

但是，一遇潮溼就融化的甜點，在包裝販賣上實在是個難題。森永也對此加以研究，結果在1914年利用錫箔和蠟，開發出成本低，不會讓甜點溶化的包裝紙（是現在很多餅乾糖果包裝紙的原型），再加上箱型簡潔的口袋入包裝盒，非常方便，因此形成一股森永牛奶糖的潮流，森永製菓也因為收入大增，更開拓他的產品類別，和擴大販售圈到日本本土以外的地區——包括殖民地台灣。

在1910年代，森永製菓增加乳製品工業，販賣日本最早的飲用可可亞和牛奶可可亞（1919）；1920年代後，開始生產奶粉、冰淇淋、煉乳等乳製品，紅茶、宇治綠茶、咖啡、汽水等飲料品，以及登山用的乾麵包（這些在台灣都有販售）；更在報紙廣告之外，廣泛地運用買森永產品送電影票、博覽會的參展、歡樂的魔術表演、糕餅比賽、製品的抽籤贈獎、在各地的宣傳活動，還有森永製菓連鎖店和「森永媽媽」組織等等，吸引包括台灣消費者的注意、積極擴大市場。

這個森永公司到1930年代已經發展成為森永集團，在糖果點心的食品工業外，還擁有森永乳業、森永食品工業、東海製菓、森永關西乳業等食品和乳品公司，然後在1940年代合併，1943年改名稱為「森永食糧工業」；1944年，又生產日本本土最早自行生產的抗生素盤林西尼（penicillin），正式跨足到醫藥生技產業。而二次大戰結束後，森永食糧工業一樣因為財閥解體政策，被分割成為森永乳業、森永商事、森永製菓三個公司。

那森永與三井集團的連結發生在何時？又發生在何地呢？

■ 1928森永乳酸菌飲料　　■ 1926森永牛奶巧克力　　■ 1926森永牛奶巧克力（含榛果）（以上*台日報）

　　在日本本土，森永本來就會在原料、金融和物流上，和各個財閥發生關係，但這些都不涉及合資合股的產業聯姻。1920年代的關東大地震之後，森永家因為錯估投資情勢，差一點倒台，這時候，三井家台灣製糖公司（以三井物產為最大股東）的援手出現了！台灣製糖買下森永30%的股份，提供製菓原料所需的原料、也方便森永在販賣和物流，甚至金融上的很多需求；台灣製糖也可以藉著森永，擴大他欠缺的事業版圖，並且和三菱系的明治製糖與明治製菓一爭高下。

　　之後，森永公司不只興起想在台灣設立「森永製品販賣」的想法，還想到直接取得台灣的製菓原料之後，可以再如何如何……所以，社長森永太一郎親自來台灣考察兼旅遊一週，從基隆到屏東，再由台東到宜蘭，當然也去了鼎鼎有名的

日月潭和阿里山山區，回日本後，將這次的心得和所見所聞，寫成91頁的《台灣を一週して》（一週台灣：1927）一書，由森永製菓出版（但是是非賣品）。即使後來因為接連的世界經濟不景氣，森永製菓仍在台灣製糖的幫助下，逐步完成在台灣展店和擴展各領域事業的想法。

先是1930年代初期，森永又興起想在台灣開設製菓工廠的想法，結果沒有成功；但為了推廣大眾要「愛用國產煉乳」，所以在森永製菓的連鎖店、連繫店外，還有設立「森永乳榮會」，基隆、新竹等等各

■ 森永煉乳廣告
　（*台灣婦人界）

■ 森永氏之繞行台灣一週圖
　（*台灣を一週して）

■ 1935森永製菓台北支店（*臺灣婦人界）

地區都有設立支部。此外，1935年3月22日到4月22日一個月間，森永派出森永棒球團來台灣，從台北圓山球場到台中、嘉義、高雄、屏東的，在台灣各地進行對抗賽，瞬時間在台灣掀起一股熱潮。當年10月，日本政府為紀念在台執政40年，在台北舉行始政40週年台灣博覽會時，第二會場新公園（今228和平公園）內，就設有森永特設館的專賣館。

1936年，森永在台灣設廠的計畫終於得到執行了！森永與長期以來有合作關係的台灣製糖公司合夥，一人出資一半，總共資本金200萬圓，一起成立研發製造乳菓品的「森永食品工業」。之後，森永又注意到或許可以在日月潭附近栽培果樹、在屏東和台東栽種可可亞，作為台灣和日本子母公司的原料來源，於是派總公司高級人員來台考察。1937年，就選擇在屏東、台東的大武山地開始可可亞的種植計畫，隔一年，再增加種植其他的熱帶性經濟作物，包括茶葉；當年，僅可可亞的種植就有50甲地。1939-1942年間，還陸續在東台灣新栽培檸檬和咖啡、買下台中的安田農園種植柑橘、芭蕉……。隨著在台灣的殖產熱帶果樹事業不停發展，森永又在台南和屏東等地開設新工廠。簡單的說，因為有三井物產的間接合作關

■ 1935森永製菓棒球隊
（*臺灣婦人界）

■ 1939森永紅茶（現在是紅茶甜的季節）（*台日報）

係，所以森永在台灣進行的事業版圖，比起森永在日本本土的事業範圍還多出許多：這也就是「森永－三井－台灣」三角關係發生的故事歷程。

二次大戰之後，雖然「森永食品工業」和森永在台灣的工廠都停止營業或轉手他人，該企業在台灣一度非常寂寥，而且1955年森永總社在德島製造廠還發生毒奶粉事件，但他的糖果、奶粉和盤尼西林軟膏，依舊是各年代台灣人心中的生活回憶。

啤酒三兄弟——札幌、朝日、惠比壽

喜歡「乾杯！」文化的人，在台啤之外，一定也知道北海道的札幌啤酒、大阪的朝日啤酒，和東京橫濱的惠比壽啤酒吧。但是，您知道他們有多麼的一家親嗎？

這裡要先小小介紹這三間啤酒公司。

札幌啤酒（Sapporo・サツボロ），為1876年日本政府剛開拓北海道時，因為北海道盛產大麥，就在北海道札幌市設立的啤酒釀造所，當時製作的產品是「冷製札幌啤酒」。1886年，大倉財閥的創始人大倉喜八郎，率領他的大倉組商會去接收管理這個工廠，

■ 1906札幌啤酒工廠內外景色（＊日本商工大家集）

■ 1902大阪朝日啤酒廠（＊日本商工大家集）

■ 1924三矢牌香檳汽水
　（＊台日報）

■ 1903惠比壽啤酒（＊台日報）

隔一年又與澀澤榮一、淺野總一郎等人聯合成立「札幌麥酒」公司，一樣是製造販賣札幌啤酒，商標圖是一顆五角大星星（意思是北極星）。

朝日啤酒（Asahi・アサヒ），是1887年成立「大阪麥酒」公司的啤酒品牌。大阪麥酒公司在大阪成立之初，就使用歐美最新型的機器，聘請專家研發，工廠成立的5年後，也就是1892年，開始販賣朝日啤酒，大受消費者好評，1900年也在法國巴黎的世界大賽獲得名譽金牌。而商標圖就是他的英文名字「Asahi」。同一年，他也開賣日本最早的生啤酒。大阪麥酒的啤酒產量在1892年是1,200石，到1905年就超過5萬石。1907年，又另外發行三矢牌平野香檳汽水。

惠比壽啤酒（Yebisu・エビス），則是三井物產系下「日本麥酒釀造」公司的啤酒產品，商標圖有「大黑天」的天神圖，以黑啤酒最著名。日本麥酒是1887年在東京創立，1990年請馬越恭平擔任社長，大量聘用曾在德國學習的人擔任技師，使用新設備和新技術。德國皇室到日本遊玩時曾喝他們製作的「惠美斯麥酒」（就是惠比壽啤酒），非常稱讚，隔一年在美國的比賽中，也得了「最高名譽大賞」。該啤酒一度

是東京酒類的代表；1901年因為他的貨運量很大，所以建設貨物專用車站「惠比壽停留場」，1906年改建成為旅客車站「惠比壽站」；當年，他的啤酒產量超過10萬石。現在的東京澀谷有個「惠比壽」的地名，據傳就是源自惠比壽啤酒。

這三間啤酒公司成立的時間差不多，但地理位置很不同，也各有各的體系，然而他們都在1900年代同樣面對啤酒市場的強烈競爭。尤其，三井物產系的日本麥酒在經營上出現非常大的危機，所以1906年，以三井物產一支的日本麥酒公司為中心，將札幌啤酒、大阪麥酒和日本麥酒釀造三間公司合併，成立新的「大日本麥酒」公司，當然札幌、惠比壽和朝日這些有名的啤酒品牌，依然繼續保留著。又1906年合併的當時，這三個品牌在日本的市場占有率將近7成，大大贏過在單獨品牌上居第一名地位的麒麟啤酒。

之後，大日本麥酒在1907年買下「東京麥酒」（製造東京啤酒）；1914年第一次世界大戰後取得中國青島德國租借地的青島啤酒經營權（直到1945年）；1933年合併「日本麥酒鑛泉」（製造union聯合啤酒），1943年再合併「帝國麥酒」（原公司名櫻麥酒，製造櫻啤酒。舊鈴木商店系）。而大日本麥酒製品全體商品的市占率幾乎都在70%以上。

當時的台灣還算是日治時期：這些啤酒為了台灣市場，不論是特約店、飲食店、藝妲間、遊藝場，或是北投遠足、園遊會、觀月納涼會、鐵道旅館……都可

■ 1900東京大日本麥酒廠房（＊日本商工大家集）

Bottling Beer.

■ 1900日本麥酒釀造室（＊日本之名勝）

■ 1900朝日啤酒
（＊臺灣協會會報）

以見到各啤酒品牌的暗中較勁。在普通媒體上，他們也大量運用廣告、優待券、抽獎、超級特價、立體電燈廣告等等，宣傳自家產品，力圖擴大市場。只是，雖然這些啤酒聯合商的總體市佔率一直以來都大大超過三菱集團的麒麟啤酒，但始終沒辦法在單一品牌上打敗麒麟啤酒。更令人傷心的是，在1943年國家的酒類統一政策下，部份啤酒品牌，即使如札幌或惠比壽啤酒這麼有名，也還是一度被消滅。

二次大戰結束後的1949年，同樣因

■ 1926朝日　惠比壽　附送贈品大促銷
（＊台日報）

■ 很黑的札幌黑啤酒廣告（＊台日報）

為過度經濟力集中排除法的財閥解體政
策，大日本麥酒公司被分割，主要成為
朝日麥酒（製造朝日啤酒）和日本麥酒
（製造札幌啤酒）兩間公司。其中，札
幌啤酒又被一度改名，直到1956年才從
北海道開始，復活他的商標，然後在
1964年將公司改成像商品名稱一樣的
「札幌麥酒」公司。

■ 1927第一三共製藥

　　朝日啤酒，則在1958年開始販賣日
本最早的罐裝啤酒「朝日啤酒」，以及
1987年推出的「辛口（Kara Kuchi）」
啤酒（會辣辣的@@），打破大家對啤
酒的印象，銷售額一度高升，一年的販

■ 1935和光堂的乳品與小兒廣告（以上*台日報）

賣量甚至超過1億箱（1箱=啤酒大罐裝20瓶=12.66公升），創下日本啤酒業界的
紀錄！同一年，朝日啤酒還進入嬰兒食品產業，只是經營的不太好，所以該嬰兒
食品子公司在2006年被第一三共下的和光堂公司買下（第一三共原名三共，也是
日本非常老牌的製藥公司；除了藥業和醫療用品，還跨足內燃機、乳業、製菓、
嬰兒食用品等產業）。而隨著朝日啤酒的名氣提高和販賣策略奏效，甚至在1998
年一度打敗長期為王的麒麟啤酒，成為日本國內啤酒市場市佔率第一名的啤酒品
牌。

　　至於惠比壽啤酒，他的品牌名稱也因為啤酒統一政策而消滅，直到1971年才
再度復活。但是市場的大勢已去，所以在1980年代的銷售額非常低，直到1990年
代才有起死回生的跡象，這也是我們現在對他很不熟悉的原因。

　　最後，不論各公司間的分割或整合，啤酒界的戰爭一直都存在。只是在市場競

爭的背後，這些公司都還是具有兄弟情誼，因為他們背後還有三井大媽媽的存在。

另外附帶一提。日本還有個啤酒品牌「三得利」（Suntory・サントリー），普通我們對他的最大印象可能是威士忌，像「角瓶」（1937）和「響21年」（1989），但是其他像「赤玉」紅酒，還有C. C. Lemon飲料，也都是他的產品。（但三得利並不是三井集團的一員哦）

三得利也是日本的老公司之一，總部位在日本大阪，現在主要的產品有飲料、酒類、保健食品三大類，2010年的總資產15,682億日圓，銷售額17,424億日圓。他最早是鳥井信治郎在1899年開創的鳥井商店，以製造販賣葡萄酒為目的；1921年，改名「壽

■ 1903惠比壽啤酒（*臺灣協會報）

■ 1922赤玉葡萄酒，是日本最早將照片放入廣告中（*日本三得利網頁；感謝日本三得利公司授權使用）

■ 1932養身 情調 赤玉葡萄酒（*台日報）

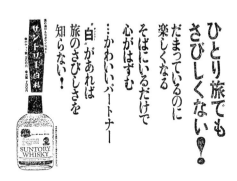

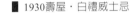
■ 1930壽屋‧白禮威士忌　　　　　　　■ 1935三得利威士忌（以上＊台日報）

屋」，旗下販賣的「赤玉」甜味葡萄酒（今赤玉紅酒），大受民眾歡迎；賺了錢
後的鳥井就在日本京都近郊的山崎設立日本第一座蒸餾廠──山崎蒸餾廠，1929
年開始販賣日本國產第一號威士忌。這一瓶威士忌被命名為「三得利威士忌白
札」，是「三得利」（Suntory）品牌第一次出現的時間；而他的命名源由，就是
赤玉葡萄酒的「赤玉」有紅紅大大的太陽形象Sun（サン），再加上鳥井的姓tory
（トリー），合起來所組成。

　　只是，「白札」在當時威士忌尚未普及的時空裡，賣得並不突出；所以鳥井
再開發「符合東方人口味」的威士忌，並努力將威士忌推廣到生活中。終於，
1937年推出的「角瓶」系列（瓶子為方形，有稜角而命名），大受歡迎，開始讓
「三得利」這個名稱打響名號，三得利的威士忌在日本也擁有75%以上的市佔
率。但該公司正式使用「三得利」作為公司名稱，則是在1963年。

　　此外，三得利以威士忌、啤酒、葡萄酒、清酒等酒精性飲料為主要業務外，
1980年又因為收購百事「Pepsi Bottling Ventures」公司，從事百事品牌在美洲和
日本的生產和銷售，開始在清涼飲料行業也建立一定的地位。當然，清涼飲料的

品項除了碳酸汽水外，還有果汁、茶類產品。現在，三得利除了酒類和飲品，事業版圖也擴及健康食品、外食產業（如居酒屋「響」和餐廳「鳥」）、鮮花配銷、醫藥品、生化技術，以及社會文化活動如三得利美術館、三得利愛鳥基金、雲雀丘學園學校等等多樣事業（注意：多與鳥井的「鳥」相關）。

只是，到底三得利和三井集團有什麼關聯？是因為都以「三」為開頭嗎？

其實，他們就像姻親一樣，有遠遠遠房的親屬關係，但是並不像直系親屬這麼緊密。日本有間銀行叫「三和銀行」（sanwabank），是1933年由三個家族的銀行體系合併後成立的，他背後的財閥體系或可稱為三和財閥，主要的聚落地點在日本關西地區；其在1930年代的世界金融恐慌中遇到困難，其他家大型銀行如三井、三菱、住友、安田體系的財閥系銀行聯合對他伸出援手——也一併吸收或合併他的部分股份。像三和的三得利製酒、神戶製鋼所、航運（後成商船三井），就在這段時期中變成與三井財閥關係較密切——所以三得利也算是三井集

■ 2011日航飯店的冰箱飲品—朝日與麒麟啤酒

■ 日航飯店房內的三得利烈酒

團外圍的友好企業（再次重申：沒有直屬或間接屬關係）。例如日本航空也與三井友好（參見下一節），所以現在日航體系的飯店房間內會擺三得利系列飲品，也會出現朝日啤酒（當然也是因為他們有大眾支持的基礎）。而三和集團的日立製作所系列，就和安田財閥非常親近。另外，三和財閥核心的三和銀行，則在2005年與東京三菱銀行合併，現在是三菱東京UFJ銀行的一支。

尋找小三——鐘淵紡織、佳麗寶與葵緹亞

（※本節「鐘淵」Kanebo＝「佳麗寶」Kanebo；日文「石鹼」＝中文「肥皂」）

最近市面上出現一個新品牌「葵緹亞」（Kracie），不知道各位有沒有發現到？我第一次看到這個牌子時，是在某藥妝店的廣告傳單冊子上，初期還以為又是一個日本藥妝奇怪小牌，在寫這本書時，赫然發現原來葵緹亞、佳麗寶（Kanebo）和花王（Kao）都是一家親，尤其前兩間公司的背後是鐘淵化學和鐘淵紡織公司，與豐田企業有表表兄妹關係（而且源頭都是紡織業），而最大的母體媽媽是三井集團——三井家族的勢力版圖再次令人訝異！

■ 1938鐘紡絹肥皂廣告（*讀賣）

■ 1936鐘紡新事業——化學部門生產蠶蛹般的絹絲石鹼（*まこと）

或許你和葵緹亞不熟，但由於台灣在各年齡領域，有非常多人是佳麗寶的愛用者，而且佳麗寶和資生堂（Shiseido,

1872，製藥業起家）一樣，都是日本化妝品界的無敵知名品牌，所以本節就來一窺鐘淵紡織、佳麗寶與葵緹亞的身世（ ·__· ）。可是，這個家族的發展非常曲折離奇，所以採取在時間順序的基礎上，先說明各品牌的成長背景，最後再一起連結家族關係的敘述策略。以下將是一段複雜的起承轉合過程，還請各位要耐心點喔。

佳麗寶的前身，是1936年，某間公司開始販賣「如絲般的滑順肥皂」──「鐘紡絹石鹼」──這就是佳麗寶或鐘淵化學事業的源起。我們暫時稱它「A公司」。

在當時的日本，肥皂牙膏這一類的清潔用品，和美容美體的保養用品，因為都會讓人變漂亮（在日本的觀念裡「乾淨」＝「漂亮」，到現在都還是這樣），還有化妝品的語源是toiletry，是指包括日用品的化粧品和化粧用具的總稱，所以清潔、保養和裝扮，在日本的工業分類裡都屬於「化妝品類」。也因為肥皂事業的開展，所以A公司就算是開始他的化粧品事業。

二次大戰結束後，A公司因為事業體龐大，被「經濟集中排除法」分割成幾間公司，其中一間是「鐘淵化學工業」公司，原本的化粧品事業被包含在他的旗下。但當時A公司的化粧品事業，就是做做肥皂和清潔劑品的那些東西；直到1961年，才加入美容美體的化妝保養品業務，取名「佳麗寶（Kanebo）」，同時極快速地在日本各地和海外設立分店；兩年間，就在日本國內開設14間分公司，海外設立49間分公司，還到世界時尚首都的巴黎開設研究所。

1967年，這個「化妝品部門」正式成為一個獨立單位。先是在東京銀座設立「佳麗寶化粧品販賣」，7年後改名為「佳麗寶化粧品」公司，接著是一連串的海外進出活動。1981年，佳麗寶化粧品與當初把他分出去的那間母公司合併，成為他旗下的佳麗寶化粧品部門，依舊在全球各地開設分公司和分工廠，一度榮登日本三大化妝品牌、世界知名化妝品集團，但在2001年，佳麗寶化粧品部門又被

那間母公司分化出來，獨立成為「佳麗寶」公司；2006年，佳麗寶的品牌和內容則被納入花王集團（Kao：1887，販賣西洋式的日用品起家，1890販賣自製的高級肥皂「花王石鹼」）之下。

那前面一直提到的「A公司」，到底是什麼呢？這就要說到葵緹亞Kracie了。

葵緹亞是一個品牌、一間公司，更是一個企業集團。他旗下不只有日用品事業，販賣肥皂、沐浴乳、洗髮精、潤絲精等各種洗劑商品，製造及輸出入其他日用雜貨，還有製造藥品、食品等等，各個子公司都是以Kracie作為公司名稱。2010年的總販賣金額約732億日圓。

他的源起要說到1887年，東京綿商社以資金100萬日圓在東京設立的鐘淵紡機工廠，現在的東京都墨田區還留有記念碑。1889年工廠開工，1893年把公司命名為「鐘淵紡績」公司（kanegafuchi），簡稱「鐘紡」。鐘的日文是「kane」，紡的日文是「bo」，所以後來才會有kane-bo（佳麗寶）的名字出現。所以其實日文的「鐘紡」發音，到中文就變成音譯文字「佳麗寶」啦。至於公司的全名取作「鐘淵」，一定有他的涵義；但在下我依慣用語「晨鐘暮鼓」（日本也是這樣說）的純猜想，當時有可能是在清晨，用敲鐘的告示提醒和告訴所有工人，趕快早起出來上班開工的意義有關。不論如何，「鐘淵」畢竟是以

■ 1909鐘ヶ淵紡績京都工廠（＊日本商工大家集）

■ 早期紡織機械圖

■ 1906鐘淵紡績廠房（以上＊日本商工大家集）

「鐘」為基本，所以他的商標圖也是一個大「鐘」。

鐘紡經營一段時間後，一度經營不振，於是三井集團就順勢資助→入股→收購。但也因為有三井資金和三井集團的加持，鐘紡的企業體愈做愈大，除了不斷興建自己的廠房，也不停地吸收合併日本國內外各地的紡織公司和工廠。1903年，開始發行日本最早的企業內部報紙《鐘紡之汽笛》，之後先後再改名為《社內報鐘紡》《Kanebo news》。隨著企業體不停擴大，鐘淵紡織除了為員工設計各種有益身心的設施、組織消防隊，也在1923年的關東大地震後，在兵庫設立免費的診療所，就是現在的神戶百年記念病院。

那號稱「很大的」鐘紡，到底有多大呢？

1940年代二次大戰開始前的日本，纖維與鋼鐵、汽車並列為日本的三大基礎產業；尤其纖維產業，在1930年代之前更是日本國內產業界的第一名，常居營收金額最高的企業。而1887年，以100萬日圓，29,000錘數成立的鐘紡，被三井集團「資金援助」後，在日本海內外各地不停的增廠，收購合併其他大小公司，1902年時，已有資本金580萬日圓，218,080錘，出口總值1,000萬日圓；1917年，資本金成1,742萬日圓，509,836錘，

可以說是以倍數快速成長：到1930年，他已在各地擁有36間工廠。當年鐘紡還發生3萬7000名從業員的勞資抗爭，就是史稱的「鐘紡爭議」，但爭議最後還是被資方的強力姿態硬壓了下來。也因為鐘紡在當時是非常大的企業體，在日本各地建設工廠，所以現在日本各地都有「鐘紡町」的地名存在。例如山口縣防府市鐘紡町、富山縣高岡市鐘紡町（今葵緹亞製藥工廠）、滋賀縣長濱市鐘紡町（今纖維事業）⋯⋯東京的東武伊勢崎線還留有「鐘ヶ淵駅」的車站名，就是鐘紡最早的創業地。

　　1934年，鐘紡設立「鐘紡武藤理化學研究所」，聘僱約300名的研究員，是當時民間成立的最大的研究所。1936年，他販賣用蠶絲和高級油化合而成的絹絲肥皂「鐘紡絹石鹼」，以號稱日本最高級的石鹼之姿，向海外輸出，這就是鐘紡化粧品事業的開始、佳麗寶化妝

■ 1923鐘淵紡績公司廣告（＊鐘淵）

■ 1906紡織廠一景（＊日本商工大家集）

■ 1935鐘紡發明不縮水且防水的織物原料——尼龍絲（＊まこと）

品的源泉——所以之前一直提到的「A公司」，就是指鐘淵紡織的鐘紡。1938
年，鐘紡另外成立鐘淵實業公司，負責纖維以外的諸事業——包括化妝品；而鐘
淵實業就是後來鐘淵工業的前身。

　　當然，鐘紡武藤理化學研究所不只研發清潔用的化妝品類，他最主要的工作
是研發各種天然和化學纖維；最有名的成就大概是1939年發明日本最早的合成纖
維kanebian，英文vinylon，略號PVA，也就是聚乙烯醇纖維。這種人造纖維親
水、吸濕、耐磨，有合成棉之稱，居所有合成纖維之冠，被廣泛應用在作業服、
學生服，以及漁業、船舶、林業、礦山、建築現場、登山使用的各種繩索上。

　　二次大戰結束後，鐘淵紡績再度復活。雖然鐘紡在戰爭期間損失他國內外幾
乎全部的廠房，但從復興鐘紡的棒球部開始，以「速度」為口號，從纖維業和不
動產下手，力圖全鐘紡公司的振作。

　　在公司主幹的纖維業部分，鐘紡一方面擴展他的紡織品內容，1949年引進讓
員工穿著四輪溜冰鞋以加快作業速度的新制度，還設立鐘紡技術學校、總合研究
所，1963年開始製造尼龍（nylon，polyamide系合成纖維的總稱，1935年美國發
明），另一方面也涉足時裝業，像在1960年代簽下法國高級時裝Christian Dior在日本的特許生產經營權，獨家生產Dior男女裝，直到1997年。

　　但原本體系很龐大的鐘紡，也不

■ 1954鐘紡棒球隊（*讀賣）

是只有纖維產業一項。1949年，鐘紡因為「過度經濟力集中排除法」，被規定將非纖維事業分化出來，另外成立「鐘淵化學工業」公司（今Kaneka Corporation，業務有化成品、機能性樹脂、發泡樹脂製品、食品、生命科學、電子工學、合成纖維等）。這個獨立的化學公司，在原本的製造肥皂等等化學工業外，1961年又擴增化粧品事業，設立名為佳麗寶的化粧品部門，並為了打響名號，快速展店，2年內就在日本全國設立14個販賣公司，全球開設49間分公司（參見前段）。

　　1964年，因為當時的社會氣氛*，鐘紡除了確立「勞資協調」的基礎原則（但基礎原則和實際運作是不同的），也開始進行進出非纖維事業的「鐘紡／佳麗寶計畫（kanebo project）」，於是之後的每一年，鐘紡／鐘淵化學依序設立分公司，跨足菓子、冷菓食品、製藥、化粧品（佳麗寶：1967）等產業類別。到1970年代，先是將總公司改名為「鐘紡公司」（但以他的規模，已可算是鐘紡集團），回收之前所有分割出去的事業，在上述的鐘紡／佳麗寶計畫下，除了纖維本業的持續加強，在其他業界方面，則不停地開設佳麗寶石鹼、鐘紡合成化學、佳麗寶電器、佳麗寶藥品、旭化成、日本合成纖維等子公司，也合併和泉製菓、渡邊製菓、山城製藥（製作大眾藥、漢方藥），又設立漢方研究所、橫濱新教育中心、佳麗寶流行研究所……涉及的產業包括日用、化學、化妝品、食藥品（包括碗裝泡麵）、電器。但其中最有名、最成功，也最賺錢的，還是化妝品事業——試想您是否聽過「佳麗寶電器」，就可以明顯比較出來旗下各事業的知名度。

　　期間，經過一連串大小部門分合的過程，先是1970年代諸事業回歸鐘紡總公司名下，或是被放在鐘紡化學底下，或是獨立成為一個子公司，或是1980年代又歸入鐘紡總公司下，又或是和三井旗下的其他企業單位結婚離婚……但不論如何合併解散，鐘紡旗下的事業群「原則上」都還有穩定的發展。直到2000-2005年

---

*　各位知道，那段時間許多國家正經歷左派（共產）／右派（資本）／勞工爭議的角力戰。

■ 1943鐘紡化學原本就有製造藥品

■ 1939鐘紡化妝品廣告（有寫Kanebo的日文假名）（以上*讀賣）

前後，世界經濟環境的惡化和經營不善，陷於非常多債務和經營危機的鐘紡，必須捨棄某些單位，於是他的通信、醫藥品、化成品、新素材、日用品，甚至是主流的化妝品與纖維事業，都被減資或轉讓，然後又是一連串的組織分合過程。

但是，曾經把事業做得那麼大，主要股東是三井銀行系列，又是三井財閥古早產業的鐘淵紡績或佳麗寶（日文發音都是Kanebo），到底是如何走上「分家散戶」的絕境？在世界經濟大局勢的影響外，最主要的還是因為人事糾紛與政策失誤。

之前曾經提過的「鐘紡／佳麗寶計畫」，是讓鐘淵體系走向更多角化路線的策略（纖維・化粧品・食品・藥品・日用品）。這對一個實力曾經非常堅強的企業來說，並沒有不好，也沒有問題；尤其他的化粧品事業，在1970-1980年代因為強烈的展店和宣傳而大大擴展人氣，甚至要追上當時化妝品業界第一名的資生堂（所以現在30-70歲的女士們對佳麗寶的品牌也就特別熟悉）——對有充份知名度的鐘紡／佳麗寶集團，在轉投資的擴展上照理說是比較輕鬆容易的。

但是，他的勞資協調路線和總體策略在實行上有些問題，缺乏上下層員工向心力，結果在所有新開拓的事業類別中，除了化粧品事業，其他都是賠錢，尤其最資深業種的纖維事業更是每年不間斷的虧損。幸好，因為佳麗寶化妝品的名聲

太大，收益很多，還可以挖東牆補西牆：但對不同事業體的偏心、一再隱匿總事業體的虧損，再加上高層人事調動問題，包括固執的聘任因為日本航空墜機事件而下台的前日本航空（JAL）的會長，又讓佳麗寶的會長去兼任日航的會長，還有其間頻繁的人事更動，結果反而讓員工民心更不穩，勞資關係更緊張。

說到他的勞資關係，這裡又要另外一提日本名作家山崎豐子1995年出版的一部長篇小說《不沉的太陽》，2009年有拍成電影。

《不沉的太陽》大意是敘述大企業的國民航空工會的委員長A先生，帶領工會與公司領導階層對抗，因此惹怒高層，先是被調到巴基斯坦工作，然後是伊朗，再然後是肯亞……愈調愈遠（山崎豐子就是在肯亞旅遊時遇到這位在肯亞工作的事主A先生，知道A先生的人生經歷後改寫成這篇小說），但因為A先生堅持信念，不願意脫離工會，所以始終沒辦法回到日本總公司工作，也無法與家人妻子團聚：另一位曾經和A先生一起在公會打拼的B先生，則因為向公司提出弱化工會的交換條件，而不斷升遷。

現實世界中，A先生在小說出版的那一年可能還繼續留在肯亞，但在小說裡，A先生則是因故被調回日本總公司（當然還是留在工會），並且遇到國民航空客機墜毀，死了500多人的日本史上最大空難事件：A先生因為協商賠償事宜（這也是當時沒人要做的工作）而被一位高層重

■ 1930日航／日本航空廣告（有火紅的大太陽）（*台日報）

用，沒想到卻又是一場明爭暗鬥戰爭的開始。這個故事中提到的國民航空，其實就是暗指日本航空；而他的勞資對立與內部高層的鬥爭，也像是鐘紡／佳麗寶集團的高層鬥爭和粉飾太平一樣。日航和鐘紡／佳麗寶是不同的企業體，但卻有著類似的故事。

話說回來，虧了很多錢的鐘紡／佳麗寶，因為有嚴重的派系鬥爭，掌權者不能被其他派系知道原來在自己的領導下虧了很多錢，所以一再地隱匿他的債務，並年年製作被粉飾過的企業決算報表、虛構有價証券報告書的數字，讓大家以為他營運正常……但其實公司的欠債是愈來愈龐大。在2003年度的決算中，公司的債務已經超過3,553億日圓；而事件被揭發後的初次調查，發現最少有超過2,000億日圓的債務都被「粉飾」掉！（⊙。⊙）寫到這裡，忍不住又心有戚戚：台灣前兩、三年爆發的亞新弊案，就是長期製作成績漂亮的假報表，偽裝成「體質良善的公司」繼續吸金，結果弊案一開，許多投資人一下子血本無歸……我的一位親戚也是苦主。這類的企業吸金、掏空弊案、台灣也屢屢出現。

總之，突然爆發積欠大筆債務的鐘紡／佳麗寶企業，連他背後的三井集團都無法再支持他，只得壯士斷腕，賣出產權；所以在「產業再生機構」的指導下，他的產權一一被分割、賣出，或解散。

其中，鐘紡設立當時作為主力事業的纖維事業，在2004年廢業，2005年讓渡給Seiren（セーレン）公司——說好聽是讓渡，其實是被迫出售轉讓。其餘事業體則在歷經許多的轉換過程後，結果，鐘紡旗下的賺錢主力化粧品事業和「佳麗寶」商標權，在2006年全部讓渡給花王（鐘紡或舊佳麗寶只能使用「佳麗寶」商標到2008年），佳麗寶化粧品成為花王的子公司；其他事業體則先是成為各個單獨的佳麗寶日用品、佳麗寶製藥（漢方藥）、佳麗寶食品等公司，再讓給與鐘紡或舊佳麗寶完全沒有歷史關係的Trinity Investment（三位一體投資）公司，改名成Kanebo Trinity公司的新佳麗寶集團（今Kracie集團）。而1907年設立的兵庫醫

院診療所，也在2006年脫離鐘紡的營運本體，成為「醫療法人社團鐘紡記念病院」。

　　2007年，恰好是佳麗寶創業120周年，在「產業再生機構」和各投資主的決議下，做成解散佳麗寶公司集團的正式決議。去年才改名的鐘紡記念醫院，為了不要再出現「鐘紡」的名稱，也再改名為「神戶百年記念病院」，惟法人名稱「顯鐘會」依舊保有「鐘」一個字。同時，因為「佳麗寶」的商標權已經讓給花王集團，所以舊的佳麗寶各產業系列，都改名為葵緹亞Kracie品牌（取意「四季愉快」），又將化妝品外，所有原本以佳麗寶為名的事業合在一起，共同組成葵緹亞控股公司，所以舊佳麗寶「Kanebo」的商標，從這一年起正式改名為葵緹亞「Kracie」，並以「佳麗寶成葵緹亞」（Kaneboは、Kracieへ）的口號向大眾宣傳。而舊佳麗寶公司因為被清算的公司性質而解散消滅，先是轉手A公司後改商號為Kaigan Bell Management（原鐘淵工業株式公司，1944年設立），又在2008年末連同A公司一起被Trinity Investment吸收合併，再度改名。2009年，整個葵緹亞Kracie控股公司都被日本國內最大的染髮劑製造商Hoyu公司收購（1905年創業製藥公司「水野甘苦堂」，1921年開始賣元祿染髮劑），成為Hoyu公司旗下的一支，直到現在。

　　所以，現在的佳麗寶化粧品，依舊是佳麗寶牌的化粧品，但是是屬於花王集團的佳麗寶化粧品，與鐘紡或曾經存在過的佳麗寶集團，

■ 1898花王也是以石鹼立名（*台日報）

在歷史和資本完全分割，不再有關係；也就是說「葵緹亞」或是舊佳麗寶，都不再保有他的化妝品事業。而過去的鐘紡或佳麗寶總部、製藥、食品、日用品，則成為「葵緹亞」的系列產品；他的資本與歷史，也均不再與鐘紡有關。

　　這個鐘紡或佳麗寶的案例告訴我們，1.即使如三井集團這麼雄大，旗下的每個事業體也不一定最後結果都是美好的。2.鐘淵紡織、佳麗寶與葵緹亞，其實都是一家人；他們的分家不是遇到小三後的外遇，而是因為家庭不合才產生離家的結果。3.企業分合併購的故事果然是小說這類長篇故事的好題材。像這段分合過程，就被日本作家真山仁取材，作為小說《禿鷹》的藍圖，也是現在日本執政者參考的「警鐘」之一。

軍工領航

 三菱（MITSUBISHI）

■ 2010二本松城之龍馬傳菊人形展

■ 菊人龍馬在航海

繼「篤姬」之後，2010年的NHK年度古裝大戲是「龍馬傳」；雖然收視率不如篤姬，但同樣在日本和台灣的影劇界掀起一陣熱潮，所以坂本龍馬走過之處成為新的旅遊景點；東北地方年度的菊人形展（以菊花製成人型的模樣）也以坂本龍馬的生平經歷為主題；在我個人的日本近代史課堂上，蔡蔡老師也以龍馬傳為例，說明幕末明治初期的日本政治發展。

在「龍馬傳」的第一集，有一幕是龍馬與岩崎彌太郎的對話，談述他們各自的理想與抱負；之後幾集裡，岩崎彌太郎和他的商業政治活動也偶爾會出現。這一位岩崎彌太郎，就是現在日本第二大財團三菱集團的最早創始人，對日後日本帝國和台灣的發展，都有很大的影響。

三菱集團的創始人岩崎彌太郎（1835-1885），土佐人（今高知縣安芸市），也算是武家出身。1869年，他在大阪的土佐商會改為九十九商會之際，任職其中（當時是販售鐵製的「天水桶」），兩年後，利用政府廢藩置縣的機會，接收九十九商會，並廉價購買土佐藩的三艘船舶，開始展開他的海運事業。

在經營海運事業的同時，岩崎也從政府內部得到情報，知道新上任的明治政府即將統一全國的貨幣，於是利用這個機會，先是大量購買地方藩幣，再用高價賣給明治政府，在一買一賣間淨賺許多錢。那位提供他情報的人，就是政府高官後藤象二郎（土佐藩，與龍馬善交），而彌太郎與明治政府間密切的政商合作，

由此正式開始。

　　1873年，岩崎彌太郎將九十九商會改稱為「三菱商會」，並將土佐藩主山內家的「三葉柏」（也是九十九商會的船旗誌圖）和岩崎家的「三階菱」兩個家紋結合，成為三菱商會的名稱和商

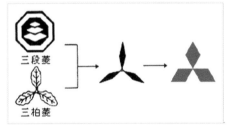

■ 三菱紋變遷（*三菱集團網頁。感謝三菱廣報委員會授權使用）

標。這個商標也是後來三菱合資公司和三菱體系所有公司的共同商標。「三菱」也是日本在二次大戰結束前的八大財閥中（三菱、三井、住友、安田、淺野、大倉、古河、川崎），唯一不以創業者的姓氏作為企業名稱的財閥。

　　此外，三菱也是日本所有財閥中，最早與台灣發生直接關係的。這要說到1874年牡丹社事件日軍攻打台灣時，三菱商會恰好承辦那一次官方的軍隊、軍需品運輸重責：這次官民合作的經驗，讓三菱商會得到明治政府很大的信任，還補助三菱13艘輪船作為鼓勵。喜獲新輪船的三菱商會，隔年就成立郵便汽船三菱公司。1877年，在政府鎮壓舊思想薩摩藩士族的西南戰爭中，三菱再度承辦官方軍隊和軍需品的運輸事業。在戰爭中賺政府的錢、在戰爭後得到分配佔領的軍需品的利益，又因為幫助政府有功而得到政府的航運保護……三菱在幾次的日本戰爭中，不只獲得巨富和再另外添購18艘輪船，也成為獨佔日本海運界的霸主：農商務大臣西鄉從道（西南戰爭中戰亡的西鄉隆盛之弟）就因為這樣，怒罵三菱是「國賊」。

　　在當時同樣都是依賴政府來擴大自己聲勢的企業團體中，相對於三井以長

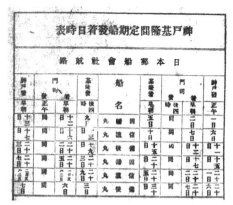

■ 1916神戶基隆間定期船發著日時表（*臺灣旅行案內）

州藩出身的伊藤博文、井上馨等政要為後盾，三菱支持的是後藤象二郎（土佐藩）、大久保利通（薩摩藩）、大隈重信（佐賀藩），和其後憲政黨的總裁加藤高明；加藤也是三菱創始人岩崎彌太郎的女婿。與政府關係極密切的三菱，不同於三井運用政府的金融事業起家，而是先以航運，後又在1880年代政府為了培養國家的產業資本而廉價出售國營工廠企業時，用不錯的價格先後買下國家級的高島煤礦（1881年）、長崎熔鐵所、長崎造船所（1884年租借，1887年收購，後部份成為三菱重工業）、佐渡金礦和生野銀礦等等的工礦和重工業產業，事業版圖一時大增。其間，因為他的幕後支持者大久保利通被暗殺，以及大隈重信的失勢，漸漸得勢的三井（井上馨）乃結合澁澤榮一、大倉等財界人士，反對三菱商會壟斷海運，並且運用政府支援的資金（因為當時政府以長州藩為主流），在1882年聯合成立「共同運輸公司」，開始三菱汽船和共同運輸兩家公司一連串的不良削價競爭，在兩年之內，票價甚至到原本票價的十分之一以下，兩方比賽誰能撐到最後。

但因為有政府資金的介入，所以這並不是一場很公平的競賽。結果，在1885年三菱將要破產之際，彌太郎病死，由弟弟彌之助接管企業；幸好當時政府發現到不良競爭只會導致兩敗俱傷的嚴重後果，於是斡旋其中，合併兩家公司，以資

■ 1900日本郵船（株）航運路線

■ 1900日本郵船（株）東京本社
（以上*日本之名勝）

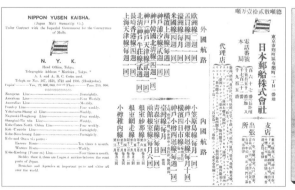

金1,100萬日圓成立當時世界上最大的運輸企業「日本郵船公司」，擁有53艘汽船、11艘帆船。

　　失去三菱集團核心的海運業，新上任的彌之助只好改變公司方向，將過去的經營副業轉為主業，並且買下第百十九國立銀行進入銀行業，轉朝向炭坑、礦山、銀行、造船、不動產等「陸地型事業」發展；同時更改社名成為「三菱社」，力圖運用舊產業的擴充復興三菱公司。幾年後，他新設立東京倉庫公司（1887年，今三菱倉庫），並利用人事力量重新掌握日本郵船的經營實權。

　　1893年，因為頒布新的日本商法，三菱社以資本金1,500萬日圓改組為「三菱合資公司」，用現代話來說就是「三菱股份有限公司」，作為管理旗下一切事業

■ 1906三菱的川崎造船所製船（神戶）（＊日本商工大家集）

Graving Dock of the Kawasaki Dockyard Co.; Kobe.　　　　川崎造船所船塢之光景

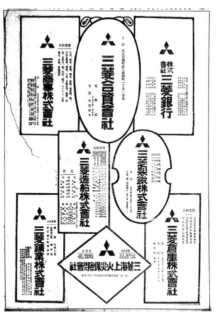

■ 1920三菱合資公司報紙全版廣告（*台日報）

的最高單位。不知您是否還有印象，在三井集團的發展過程中，曾經在1909年設立「三井合名公司」管理旗下所有事業？三菱和三井兩個集團最大不同點就在這裡。三菱合資公司像三井合名公司一樣，都是集團母體最高層級的組織，但「合名公司」，指的是所有董事都要負擔「無限責任」的股份有限公司，而「合資公

■ 1894三菱1號館（今尚存）（*三菱集團網頁。感謝三菱地所（株）授權使用）

司」，指的是合名加上其他合資，即外面加自己人的資本所組成，但是是有限責任。由於對主要投資人較有保障，現代幾乎所有的企業團體都是採用合資公司的股份有限公司形式。

在「三菱合資公司」成立的同一年，彌太郎的長子岩崎久彌就任第三代

▌1900明治生命及火災保險（公司大樓）
　（*日本之名勝）

▌1934明治生命館（公司大樓）（**台灣）

的三菱總裁，同年開設神戶造船所、下
關造船所、麒麟啤酒等事業。此時三菱
經營的產業已經包括航運、造船、鋼
鐵、銀行、採礦、保險（明治生命保險
公司）、不動產和金融貿易等等各種的
領域：種類或許不像三井集團這麼多，
但因為以高資本的重工業為主，所以三
菱的事業總資本可說是與三井不分軒
輊。僅以其中的造船為例，三菱的造船
事業可說是日本帝國造船事業的基本
（其前身也是國家的造船場），僅在
1910年代之前，不論是日本帝國需要的
軍艦，如帝國義勇艦隊的櫻丸或第二號
船梅香丸、日本海軍的巡洋艦隊、清國
政府需要的炮艦，或是依各家船運公司
需求所建造的客船或貨船，例如皇太子

▌1931三大汽船公司。由上至下：日本郵船
　（近藤廉平）、大阪商船（中喬德五郎）、
　東洋汽船（淺野總一郎）。
　（*太陽，轉引自日本科學技術史）

1919三菱商事也是米穀肥料輸出入商之一
（＊臺灣米穀移出商同業組合月報）

1905東京火災保險廣告
（＊台日報）

1936三菱的玻璃公司（＊建築材料陳列場綜合型錄）

東宮殿下的「御座船」地洋丸汽船（1.35萬噸）、東洋汽船公司需要的橫跨太平洋航路的汽船——天洋、地洋、乾洋三條各1.35萬噸的純客船、日本郵船公司需要的1.5萬噸的香取丸（1913年，當時最大輪船；原行駛日本－歐洲，1939年改駛日本－台灣。1941年被擊沈），甚至還有與傳染病研究所合作之驅除船內鼠族的殺鼠船（1911年）等等，都是由三菱造船廠建造。又像最近因為歌曲和電影而頗有名氣的「高千穗丸」，也是三井集團的大阪商船公司請三菱的長崎造船所製造的。她在1934年完工開航，是聯絡台日兩地的超級豪華大商船；但1943年在航向台灣時，因為被美軍以為有運送戰用物資而被炸，死亡800多人（而且很多是有錢人），有說她與「鐵達尼號」共列為世界三大海難事件（ㄊ-ㄊ）。此外，三菱的造船廠也不是只有建造或修理各種船隻，他也承攬各種大型機械、橋樑建築、鑄造物品等等的修理製造。

其後，三菱經過數次的改組和組織分合，在1917年獨立成立三菱造船、三菱

（高雄港埠上壁倉庫　（二十二）

（高雄堤由影屋景）

■ 1898高雄港與三菱的明石丸（國家圖書館提供）

■ 1937近海郵船的新造豪華船——富士丸（三菱長崎造船製
　造）（*臺灣公論）

■ 富士丸甲板四人合影
　（國立臺灣歷史博物館提供）

造紙，1918年成立三菱商事、三菱礦業、三菱工業（含製煉所），1919年成立三

菱銀行（今三菱東京UFJ銀行）等公司，其他還有三菱不動產、東京倉庫、旭硝

子（玻璃），以及當時在世界排名第4大的日本郵船公司……各位可以由此想像

三菱集團的「重量」。1920年代，三菱還設立東洋學的研究圖書館「東洋文

庫」，是世界五大東洋學圖書館之一，以及創建神戶和田岬的三菱職工學校、三

菱商船學校（今東京海洋大學），提升他的文化與技術教育貢獻。在1930年代之

後的中日戰爭和第二次世界大戰的戰爭期間，本來就著重工業機械和運輸的三菱

集團，因為國家的軍需需求，加倍增資2億4,000萬圓，再度快速擴張發展，各獨立的專門事業也合併成較大的企業體。像三菱的幾間機械工業公司就合併成為「三菱重工」；又為了「保險報國」，東京海上火災、明治火災海上及三菱海上火災三間公司也合併，成立新公司。

那三菱與台灣的關係呢？在征台之役之後，三菱在台灣，除了販賣商品，也積極的拓展他的事業版圖。

航運部分，日本開始殖民台灣後，政府先是補助三井的大阪商船向台灣開拓其新航路，後又令日本郵船公司（三井加上三菱等集團）派船行駛台日兩地，迫使英商在1904年完全退出台灣一帶市場。隨著日本航線開展和船運技術在亞洲間的領先地位，東亞航線幾乎變成日本輪船的天下；即使三菱完全不加入聯絡日本與台灣的「內台航運」競爭，但航運所需的造船和修船事業，也可以讓三菱獲利。除了之

■ 1937海陸空的豪華版──高砂丸（三菱長
　崎造船製造）（*交通時代）

前提到的那些船，專門運行日本與台灣之間的內台聯絡船隻，例如行駛神戶－基隆間，1937年完工的大阪商船「高砂丸」（1941年成軍用醫療船，1945年解體），或是同年完工，但屬日本郵船的「富士丸」，都是由三菱造船廠建造。尤其後者總噸數9,130噸，可容納頭等艙31名，二等艙165名，三等艙781名，速度20節強，是內台聯絡船中唯一獲得藍絲帶獎（註：以最快速度橫渡大西洋的船）的船隻，也是台日定期航線中最豪華的客輪。惜該輪於1943年在九州南方遭魚雷擊沈。而與這些大船完工同一年的1937年，善造船的三菱也由三菱重工公司在台灣的基隆和平島成立「台灣船渠」公司，以修理艦艇為主。這個台灣船渠在1946

年與高雄的台灣鐵工所合併，成為今日台灣造船公司的前身。

其他工業部分，三菱也在台灣投資糖、製紙、碳礦、鳳梨、製鋁等等事業。

例如製紙業，1908-1909年三菱製紙就已經派人來台灣視察嘉義及斗六兩地方的竹

1919台灣製紙公司（＊日本之名勝）

林，計畫設立竹材公司，提供製紙或建材所需的原料（三井集團也有來視察）；最後決定利用斗六清水溪兩岸的竹林，建造模範竹林製紙工廠，後來改名三菱台灣竹林事務所；又1910年，三菱也在嘉義廳林內庄（今雲林林內）建設三菱竹紙製紙工廠，而且為了運輸，重建雲林的林內火車站。只是這些製紙工廠的營業並不順利，不是因為不堪損失而停業，就是遇到當地竹農住民強烈反抗，形成三菱與竹農間持續多年的竹林糾紛，「竹林事件」就是糾紛的最高點，所以三菱在台灣的製紙事業一度非常萎靡，直到1930年代才又在台灣的台中、宜蘭一帶，新設立圖南合資、台灣紙業（收購三亞製紙）、台灣興業三間公司，製造紙漿。他們也都是現在台灣中興紙業的一部分前身。

又如製糖業。1908年前後，三菱也以6,000股入股大日本製糖公司，而且以台灣的工廠擔保，向三井三菱等銀行融資200萬日圓，進行公司改造；接著與三井集團歷經一場爭奪戰，最後大日本製糖公司變成三菱

1916三菱台灣竹林部廣告（＊臺灣旅行案內）

■ 1910年代，台灣三菱製紙附屬小學校（國家圖書館提供）

系統的一支，並在台灣設立精製糖公司「明治製糖」公司，成為主導台灣糖業的二大財閥之一（請參考本書中三井的台灣製糖與三菱的明治製糖兩節），三菱集團也跟著製糖業進入台灣市場。為了運送配銷糖產，和增加產能獲利，三菱商行開始在台灣出現，與三井商行競爭台灣的砂糖米穀樟腦石炭肥料等等買賣事業；兩家商界巨擘不論在各個領域都在競爭，三菱也力圖突破三井在各地方的防禦線。比較特別的是，三菱商事運用他航機業的專門，在高雄市苓雅寮建立重油槽，提供製糖的燃料或漁業使用，也在1920年代獲得台灣五大製糖公司之一的鹽水港製糖的製品專賣權（他再分一部分權力給好朋友明治商店）；又成立三菱物產合名公司，從事台中大甲街製帽業，以及在斗六林內附近廣大的土地上種植鳳梨、建設新式罐頭工廠，進出鳳梨罐頭事業；他還在台灣建立三菱小學校呢。

其他像是台灣的探礦和採礦事業，三菱礦山部也都有投入，還打算購買或共同經營台灣北部的基隆炭礦和海山炭礦，但受到當時掌有台灣礦業最大實力的三井集團的強力阻撓，所以後來三菱礦山部只好轉向台灣東部的花蓮一帶發展。由於三井和三菱的事業體極龐大，又在多處競爭，所以時人會用「從天空飄散的雲霧到地下的木葉微塵，全部都包下了」的「掌管全天下財界的兩大怪物」，來形容他們，還流行用「舊財閥VS.舊名家」來形容三井（商業起家）和三菱（原武家）的對立與合作。

然而，三菱和三井也不一定都是這麼死對頭；他們除了在航運和銀行界會互

相合作，在比較高風險的
行業，像台灣的煉鋁工業
（當時稱為輕銀），就是
三井、三菱、古河、住友
四財閥在1934年決定台灣
電力公司的日月潭發電所
完成後，要共同出資創立
的，所以1935年募集股份
時，總株數20萬股中，三

■ 1935高雄，日本鋁業公司開工紀念

井三菱各擁2萬股，台灣電力約1.5萬股，一起組成「日本製鋁」公司，在台灣的
高雄設立煉鋁廠；這是台灣煉鋁工業的開始。又像台灣電力公司、東台灣電力興
業，也是由各個財閥們一起出資設立的。

　　二次世界大戰結束後，三菱集團同三井集團般，在財閥解體政策下被迫分
割，其中僅三菱商事，就被散成139間獨立公司。接著，三菱也在1950年代的國
際情勢變化中，得到再次合併的曙光。先是1954年，幾個公司合併，成立「三菱
商事」的綜合商社，同時開始為了聯誼原本三菱體系主要企業的首長，組成「三
菱金曜會」（中文為三菱星期五俱樂部）。

■ 1945年三菱財閥各類資本佔全國比重（單位：千円）

業　種	全　國		三菱		B/A(%)
	社數	資本金（A）	社數	資本金（A）	
金　融	1,544	3,246,441	4	277,700	8.6
鑛　業	2,217	4,069,623	9	518,100	12.7
纖　維	3,367	2,681,766	0	0	0
金　屬	2,721	5,142,616	8	187,050	3.6
機　械	7,986	7,791,468	14	1,269,100	16.3

業　　種	全　國		三菱		B/A(%)
	社數	資本金（A）	社數	資本金（A）	
化　　學	3,424	3,948,476	14	211,540	5.4
製　　紙	438	789,750	1	250	0.03
食　　糧	3,741	1,326,667	1	1,000	0.1
農林·水產	1,577	1,554,040	3	12,600	0.8
運輸·倉庫	4,715	5,774,791	10	130,225	2.3
商　　業	15,354	5,959,893	4	104,150	1.7
其　　他	7,286	9,674,978	8	285,600	3.0
合　　計	54,370	51,960,509	76	2,996,315	5.7

資料來源：安岡重明編，《日本財閥經營史》（東京：日本經濟新聞社，1982年）。

■ 三菱金曜會組織表

三菱重工業	三菱化工機
三菱倉庫	三菱瓦斯化學
三菱東京UFJ銀行	三菱樹脂
三菱UFJ信託銀行	日本郵船
三菱材料	東京海上日動火災保險
三菱土地	明治安田生命保險互助公司
三菱電機	麒麟Holdings
三菱商事	Nikon【尼康】
JX Holdings	三菱汽車工業
三菱化學	三菱扶桑汽車
旭硝子　【玻璃】	三菱鋁業
三菱嫘縈　【人造纖維】	P.S.三菱【payload specialist／人事相關】
三菱製鋼	三菱綜合研究所
三菱製紙	三菱UFJ証券Holdings

*Holdings持株公司
說明：除「明治安田生命保險互助公司」，以上均是股份有限公司
資料來源：日本三菱集團網頁

　　現在，三菱東京UFJ銀行、三菱商事和三菱重工業，是三菱集團的最核心企業。其中，三菱UFJ金融集團是日本最大的金融集團，是2005年由三菱東京金融集團和日本金融界排名第4名的日聯控股（UFJ）合併而成。而在三菱總公司的母

體下，有加入三菱集團的企業共有345間，其中由主要企業體組成的「三菱金曜會」，有28間公司，除了三菱銀行、商事和重工業外，還包括：旭硝子（玻璃、化工業）、東京海上日動火災保險、明治安田生命保險、P.S三菱（Mitsubishi Construction，建築業）、尼康（相機電子）、日本郵船、大日本塗料、三菱鋁業（Mitsubishi Aluminum）、三菱化學、三菱化工機、三菱氣體化工、三菱地所（房地產業）、三菱汽車、三菱樹脂、三菱製鋼、三菱製紙、三菱倉庫、三菱總合研究所、三菱電機、三菱扶桑卡客車（Mitsubishi fuso）、三菱材料（Mitsubishi Materials）、三菱人造纖維（Mitsubishi Rayon）、新日本石油集團（JX Holdings）等等。至於其他我們比較熟悉，但又沒有「三菱」在名稱抬頭的公司單位，則有像麒麟啤酒專營食料品以及和洋酒類的明治屋公司（2005年正式被三菱商事合併，2011年又被三菱食品吸收）等等。

■ 2011小豆島上的三菱招牌

最後要另外提一下。我們小時候常使用的三菱鉛筆，也是屬於三菱鉛筆公司的產品，他還有現在很知名的筆類品牌UNI。雖然字面商標與圖案標誌都相同，但是，這個三菱鉛筆公司與岩崎彌太郎的三菱集團並沒有關係喔。

三菱鉛筆公司的源頭，是1887年在東京新宿由真崎仁六創立的真崎鉛筆製造所。真崎在巴黎萬國博覽會上看見鉛筆後，感動地帶回國努力研究，結果開始日本最早的鉛筆工業。1901年，他製造的鉛筆被國家採用為「遞信省（今日本郵政公社）御用品」，成為「局用鉛筆」，也是遞信省最早使用的國產鉛筆。

■ 2011日本7-11提款機之合作銀行

■ 三菱鉛筆的商標圖與廣告（*讀賣）

因為局用鉛筆採用三種不同硬度的筆芯，再加上真崎家的家紋是「三鱗」，所以將結合二者製成三個菱形的「三菱」圖案，在1903年將「三菱」登錄為商標（登錄號18865）。後來雖然發現與三菱集團的圖案相同，但因為兩家公司沒有業務上的競爭關係，所以都容許對方使用這個三菱的商標（兩方面都沒想到岩崎家的三菱集團在未來會樣樣都包）。1925年，真崎鉛筆製造所合併1918年開業的大和鉛筆，成為真崎大和鉛筆公司，1927年開始向世界各國輸出販賣。但直到1952年，才將公司名稱改名為三菱鉛筆公司，將社名與商品名一統化。1958年，他推出高級筆系列uni（取意unique，獨特），1966年再推出最高級筆「Hi-uni」，1970年在台灣設立分支「華菱鉛筆工業公司」（中華三菱的簡稱）。現在他不只在世界各國設立分公司，有自己的物流和行銷公司，還有進出化粧品關連事業。然而，三菱鉛筆和三菱集團雖然沒有人員與資本上的關係，但並不代表沒有合作；像三菱鉛筆合作廠商之一的「菱和」，就是三菱集團的孫公司。

接著，我們就來看看三菱集團下，幾個我們比較耳熟的產業品牌。

愛的父與子──三菱重工與三菱汽車

三菱汽車（Mitsubishi Motors）在2010年，是日本第5大、全球第15大的汽車製造業者，總資產約13,125億日圓，一年銷售額18,284億日圓。

與豐田汽車是已經具備基礎後再由三井出資進而納入旗下不同，三菱汽車是

從一開始就出自三菱集團下的汽車產業。之前已經提到的，三菱一開始是以航運和造船起家，之後又收購幾間國家級的工業或機械工廠，在戰爭期間更是被國家大力支持，發展軍需工業……而三菱的工業機械部門中有個

■ 1935台灣始政40週年博覽會　三菱電機展覽室
（＊臺灣電氣協會會報）

汽車單位，就是三菱汽車的前身。

　　由於三菱的機械工業部門對以前到現在的台灣影響都很大（所有工程界的人一定都聽過三菱重工，或使用過他們家的大型機具），他們又原本都是同一個家庭出身的，所以在說三菱汽車的身世時，一定也要談談三菱重工（Mitsubishi Heavy Industries）。

　　自從三菱商會買下長崎造船所，開始經營造船事業後，他在1917年改制成立三菱造船公司的同時，也開始量產製作「三菱Ａ型」的轎車。這種車款有35匹馬力，7個座位，是三菱的第一輛小客車，也是全日本首部量產的汽車，到1921年共賣出22台。而第一部三菱貨車的原型車，也在1918年研製成功，包括兩台3噸及兩台4噸的貨車。之後，三菱造船與三菱其他的工業機械單位屢有分割整合，但在汽車工業方面，於1932年聯合完成第一台大型巴士B46，動力有100匹馬力，配備30個座位，是三菱巴士生產線的開始。

■ 1934三菱455型卡車（＊台灣鐵道）

　　1934年，三菱幾個工業機械部門合併，成為「三菱重工」公司；同一年，他發表日本首部四輪驅動（4WD）的汽車，就是引起當時世界車壇注目的三菱PX33跑車，配置柴油引擎（所以1934年日本就自製跑車了）。1936年，又推出首部量產型TD45柴油動力貨車，1937年試作軍用四輪驅動乘用車，1943和1944年先後開設水島航空機製作所（後成為水島製作所）、川崎機器製作所（今川崎工廠），及京都機器製作所（生產引擎、後成為京都製作所）。

　　然後在1950年代，三菱重工被分成三間公司，又被改名，但不論哪一間公司都有自己的汽車研發部門，在1950-1960年代，密集地發表新車款和新技術。例

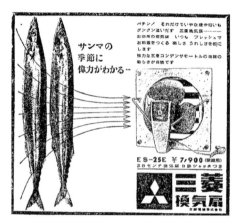

■ 1930三菱電機廣告—電扇（抽風扇）
　（*台日報）

如1947年研發首部電動巴士MB46；1950年完成首部後置引擎，130匹馬力、76人座的Fuso R1巴士；以及1951年推出配備懸掛系統的8噸貨車T380，這個懸掛系統是重型貨車的革命性改革，對今日的重型貨車製造影響深遠。

　　1964年，分開的三間公司合併，成立新的「三菱重工業」公司，所有分開的汽車部門又結合在一起，就是現在三

■ 1932三菱航空、造船、電機廣告（*讀賣）

菱汽車的前身：1970年，更由三菱汽車
販賣、三菱重工及美國克萊斯勒汽車公
司共同投資，獨立成立「三菱汽車工
業」公司，主要販賣日常用的商用車
種。1979年間，三菱汽車的生產台數超
過100萬台。之後三菱汽車不停研發先
進技術，也與韓國的現代汽車、台灣的
中華汽車工業合作。但2000年因為爆發
隱匿不良車款的事件，銷售額快速下
降，直到2005年才漸有平復跡象。

　　那三菱重工呢？

　　三菱重工原本就是以機械和大型工
業起家。他最早是三菱造船，1910年代

■ 1928三菱和愛知時計製作的飛機實驗
（*讀賣）

前後分割成三菱內燃機製造、三菱航空機和三菱電機三間主要公司，其中三菱電
機製作的項目有變壓器、電動機、扇風機、鐵道和車輛等各種日常與工業用機器
設備。這三間公司後來在1934年合併，成為「三菱重工」，主要生產重型機械、
飛機、鐵路車輛等。1930-1940年代的戰爭期間，由於對軍需工業和國防武器的
需求，三菱重工快速發展，做了非常多的轟炸機、戰鬥機和軍艦，是日本最大的
軍工生產企業（另一個也很有名的日本軍火製造商是川崎重工業）。

　　二次大戰結束後，一方面，三菱重工因為財閥解體政策，在1950年被分割成
東日本重工業・中日本重工業・西日本重工業三間公司，又在1952年改名為三菱
日本重工業・新三菱重工業・三菱造船，直到1964年三間公司再度合體，所以成
立新的三菱重工業公司。另一方面，因為日本不能再製作國防武器（但是可以修
理國防武器），三菱重工於是跟著國際熱潮，轉向航太業發展——當然民生的輕

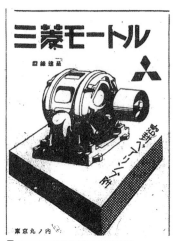

■ 1938三菱電機的引擎廣告
（*台日報）

■ 零式艦上戰鬥機，1938開始量產
（*日本科學技術史）

重工業仍是持續研發，生產項目也擴展到原子能、電腦電子工程、衛星、太空火箭、防禦系統、電梯及自動扶梯的設計和製造……所以三菱重工的故事也可以說是一連串種類品項繁多的製造發明史。

現在的三菱重工公司集團，旗下有300多間子公司，2010年的資本金有2,656億日圓，總資產約39,890億日圓，一年銷售額33,756億日圓，而且依舊是日本最大的軍工生產企業。他的競爭對手還有豐田和日立，但在軍事與航太方面，三菱重工可說是遙遙領先。至於他的製品，光是以「大類」計算，就有超過700項的機器製品；從太空到地底，從國家基礎建設到家庭內的小設備，機械製品品項的幅員度非常廣大。以下就簡單列舉他從事的產業領域大類，讓各位稍微感覺三菱重工到底有多麼「廣域」：

1. 動力設備，如原子核能、太陽能、火力、石油瓦斯等發電設備，還有二代電池和引擎；

2. 航空設施，如各種飛機、機用引擎，還有航空模擬器；

3. 太空開發，如衛星、太空梭和火箭。

4. 船舶海洋相關，這也是三菱集團最早的企業源頭，即承接長崎、神戶、下關等地的造船所。製品包括商用客船和各種運輸用的特殊船隻、船用機械用引擎、洋上設備如石油儲存槽，以及各種海洋工程如沿岸構造物等等。

5. 公眾運輸交通系統，如全自動無人運轉車輛、鐵路火車、電車（捷運），以及自動收費的ETC系統；

6. 物流、搬運相關機械動力，如貨櫃吊車、各種重型載貨車具。

7. 防止地球溫暖化和環境污染的環境裝置，如廢棄物、污水、空汙、水質污濁等處理設備。

8. 汽車相關，如汽車製造機具、冷藏貨車、電動停車塔等的開發生產，也負責測量實驗汽車與風洞等環境變化間的關係。

9. 產業用機具和機床，包含醫療、電子、食品、印刷、化學、塑膠、汽車、影像、紙工、發電、引擎等各類別。

■ 1957三菱飛機募集作業員

■ 1956三菱製造原子反應爐（以上＊讀賣）

10. 基礎建設相關設備，如橋樑、建築機械、地底建設機械，以及制震、治水利水（水門）、配送水、淡水海水化設備。其中在造橋方面，還要提到三菱重工前身之一是長崎熔鐵所。長崎熔鐵所原本是國家產業，在1868年時建造日本最早的鐵橋，1880年代被三菱買走，成為三菱重工的一個部門。他從以前到現在都在日本各地建造各種橋樑，最被台灣人熟悉的，大概是1998年完成的世界上第一長吊橋——明石大橋。

11. 家庭與休閒設施，如業務與家庭用的冷暖空調設備、大型熱水器、機器人、包裝機械、放射線治療裝置、有機環保照明燈、商業用客船，以及劇場、水族館、遊樂園、巨蛋、電影院等等相關娛樂文化的設施。這讓我想起，當我和朋友聊天，提到三菱有出冷氣這件事時（因為現在台灣的家用冷氣幾乎是松下和日立的天下），一位年輕朋友竟然說他家裡的窗型冷氣

■ 明石大橋外觀一景

■ 明石大橋的鋼索——由數條鋼筋組成

■ 2009明石大橋橋上一景

機和水塔就是三菱牌（！！），
大約10幾年前買的，現在還很
勇……如果您家裡還留有10幾年
前的冷氣機，也請順便注意一下
他是不是三菱重工出品。

■ 2011三菱分離式冷氣之主機

12.防衛機具，如裝甲車、戰艇、潛
水艦、戰鬥機、觀測船、軍用引擎、航空機具、導彈、魚雷等等各種防衛
及攻擊性武器設備。

　　辛苦看完前面那一段的各位，不知道有沒有嚇一跳，原來不論我們生活四周
的一切食衣住行育樂國防，好像能想得到的機械設備幾乎都被三菱包了？

　　不只是現在，從日治時期的台灣開始，公家或私人的鐵工建設之外，日常廣
告上也看得到「三菱新式電扇機」或「三菱引擎」的三菱工業宣傳：二次大戰後
台灣政府排日氣氛嚴重的50年代，報紙上依舊可見「請用最新設備之日本老牌新
型三菱電氣冰箱」、「華電、三菱電冰箱」、「新三菱製品，水島牌1954年三輪
卡車」等廣告，而且，國民政府的噴射機修理、台電的輸電系統器材，或是民生
產業用的漁船引擎、耕耘機等等，有非常多數也是出自三菱重工的系列公司之
手。在我們認知裡是大公司的三菱汽車，原來他的背後有位這麼大，幾乎無所不

■ 2011台北商家招牌

■ 台灣三菱汽車

1930年代新三菱重工業的宣傳廣告
——有點像一通電話、快速服務
（*台日報）

1936三菱商事代理機油廣告
（*臺灣自動車界）

包的母親三菱重工；又在這位母親背後，還有位身型更巨大，包山包海的阿祖三菱集團……所有產業一家親的家族衍生關係，在這裡又是一個很好的例子。

　　寫到這裡，敝人我突然發想，偶爾走在路上遇見「游子」*最愛的轟轟叫低底盤小車（包括改裝車），或是載貨的小貨車，不少時候都是三菱這類牌子，幾乎沒見過豐田牌。這在豐田本身就訴求溫馨家族接送情的新好男人形象外（三井集團也是注重家族內部的親善溫柔感覺），或許也與三菱汽車的媽媽是三菱重工業，本身多少帶有「衝衝衝」，追求速度和力道的火性企業屬性有關——所以感覺上三菱做的車子好像也比較重視速度和工程功用。又請別忘記，三菱在1934年，就已經製作四輪驅動的日本籍跑車；比起豐田進入跑車業，還足足多了半世紀以上呢。

---

* 這裡是指愛玩的孩子：>

精密不是蓋的──尼康

　　尼康（Nikon）的本社位在東京都千代田區有樂町，事業內容主要是光學機械器具的製造及販賣，目前項目包括1.半導體和液晶露光裝置（半導體和液晶界的高級技術），2.映像事業，例如相機、望遠鏡、數位畫像，3.顯微鏡事業，如生物和工業用顯微鏡、測量機、半導體檢查裝置，以及4.其他各種，如太空用的星體探查機、各種光線設備、玻璃運用開發、迴路面板、集成電路、眼鏡、助聽器等等事業。他在2010年的資本金有655億日圓，一年銷售額8,875億日圓，是世界排名前3大的光學公司，目前最大的股東是三菱UFJ信託銀行。

　　說到尼康，他可能是日本最早的光學儀器製造商了。因為佳能canon是1937年才出現，索尼sony是1946年成立的東京通信工業，松下Panasonic雖然最早成立在1918年，但1950年代後才開始作電子和精密儀器，所以相較起來，尼康可說是日本光學精密儀器界裡的資深元老。

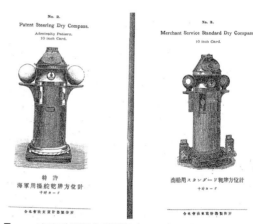

■ 1912東京計器製作所製品之一：船用方位計
（*東京計器製作所案內）

　　尼康創建於1917年，當時業界為了響應日本政府提倡軍用光學儀器國產化的目標，東京測量儀器製造廠（東京計器製作所）的光學部門，與岩城玻璃製造廠（岩城硝子製造所，有探照燈反射鏡工廠）的反射鏡部門，在三菱集團總社長岩崎小彌太的出資支持下整合，於東京市小石川區的東京計器製作所內，以資本金200萬日圓設立「日本光學工業」公司，並在同年年末合併藤井鏡片製造廠（藤井光學玻璃製造所）。這就是

No. 5.

Patent
Wada's Steam Gauge.

特許和田式蒸汽計

No. 3.

Alternating Current Ammeter.

交流電流計

No. 8.

Vertical Voltmeter.

立形電壓計

No. 20.

Portable Standard Ohmmeter.

携帯用標準オームメーター

No. 4.

Military Telescope.

軍用望遠鏡

No. 11.

Night Glass.

夜中双眼鏡

婦人用觀劇双眼鏡

No. 10.

Fire Pump.
for Ship.

船用消火喞筒

■ 1912東京計器製作所各種製品（＊東京計器製作所案内）

特許
震動記録器

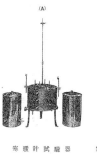

(A)

寒暖計試驗器

(B)

寒時計試驗器

No. 47.

Torsion Tester.

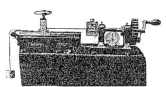

捻回數試驗器

張力試驗器

衝擊試驗器

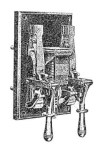

ユニバーサル テスチングマ シーン

自働遮斷器

No. 4.

Electric Master Clock

電氣親時計

No. 4.

Electric Master Clock.
for Navy.

海軍用親時計

■ 1943東京計器募集員工
廣告（*讀賣）

三菱集團與尼康關係的緣起。而且雖然說是整合、出資協助，實際上也是經由入股進而完全擁有該公司。也在同一年，日本光學工業公司開始製造比日本其他同行還高出3-8倍度數，不同適用場合的雙眼望遠鏡。1918年，他新開設兩間工廠，開始研究製造均質高透光的光學玻璃（optical glass），並派遣員工到德國學習技術。約同一時間的1919年，也是旭光學工業（PENTAX前身）和高千穗製作所（Olympus前身）兩間綜合光學機器製作商的成立之年。

之後，在1922年，為了平和記念東京博覽會，日本光學工業公司特地製作20英吋大的天體望遠鏡；1923年，他接手海軍技術研究所的光學玻璃研究部門，與官方關聯更加密切，接著在1925年研發製造JOICO顯微鏡（20-765倍），1929年開始發行企業雜誌《光友時報》，1930年開發出電器爐內使用的精密玻璃。簡單說起來，日本光學工業（尼康前身）到目前為止，都是在製作從望遠鏡到顯微鏡，各種不同折射角度的精密光學玻璃儀器。在那一段時期的外部環境發展，先是1928年日獨寫真機商會設立，就是後來的柯達公司Konica Minolta；他因為在1941年研發出彩色底片而成為世界知名的底片工業大廠（但2012年初申請破產保護）。然後是1930年日本開始販賣國產的電氣洗衣機、電冰箱——也就是說，不論在機械或日常生活方面，日本都已經有不錯的發展。

那我們對尼康最有印象的相機製品呢？

1932年，恰好是日本光學工業創立的15周年，他發行照相用的Nikkor Tessar牌10.5cm F4.5和12cmF4.5兩款相機，並將「Nikkor」（ニッコール：有捲舌的尼康；現在都還有這個牌子的鏡片呢）登錄為品牌商標；當時的相機不論鏡頭或是

底片，都是玻璃。一年後，他又開發小型航空照相用的相機。而這兩年，也是東京光學機械（Topcon，東芝系，今以測量機器和GPS為主力）、精機光學研究所（今Canon）、富士寫真底片（今富士底片）公司成立之年。

　　1935年，日本光學工業開始製造以NIKKO為名的顯微鏡（50－1,350倍），同時將他之前組織的青年訓練所改制成為私立日本光學青年學校。隔一年，日本光學工業除了學校體系，也跨足到醫療業，開設肺結核早期療養所的「霞之浦白十字療養所」——這部份是因為結核病的診療在顯微鏡外，與具穿透性質的X光機有關，而X光機使用的玻璃鏡面也是光學儀器的一種之故。另外，現在攝影界熟知，在過去曾經流行一時的35mm焦點平面快門相機，也是其他的相機業界在當時（1936）開發出來的喔。

　　接著在戰爭期間，雖然日本光學工業還是有研發一點比較接近民生工業的產品，像萬能投影機、電視專用底片，還開設女子青年學校（今潤和學園），

■ 1943日本光學照相廣告

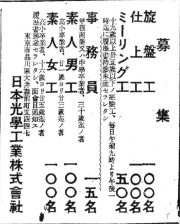
■ 1937富士底片（上）和日本光學募集員工（下）廣告

但為了配合愈來愈緊張的戰爭情勢，背後又是大力發展軍需工業的三菱集團母體，日本光學工業也從一直以來的協助軍方，轉變成更積極的研發製作軍方需要配備的角色，而且成為他這個階段一切發展的主軸。例如買入軍用飛機、試驗利用X光進行的穿透式攝影、製造5公尺長距離的望遠照相機、倒分像立體視式15公尺二重測距儀（就是位在戰艦最高點，有搖桿的望遠外視裝備）、更加強視野功能的潛望鏡（periscope，潛水艦和戰車等在密閉的內部偵察外界情況的一種望遠鏡）、暗視裝置（紅外線眼鏡），以及其他各種戰鬥用機具的瞄準器具……所以尼康前身的日本光學工業，是非常專精而且高度專業的光學儀器製造商；現在我們都說尼康的鏡片或鏡頭非常好（價格也很高貴），在使用後的心得外，也是有他長遠的歷史經驗累積的因素存在。

■ 1948日本光學眼鏡廣告

■ 1947日本光學小型投影檢查器廣告

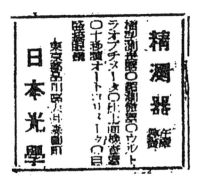

■ 1945日本光學精測器廣告

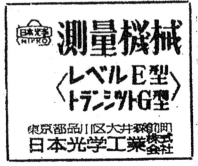

■ 1948日本光學測量機械廣告

■ 1948日本光學鏡面檢查器廣告　　　　　■ 1948日本光學顯微鏡廣告

　　二次大戰結束後，受聯合國軍事管控的日本，自然是不能再從事任何與戰爭相關的產業了。原本在軍需工業大展身手的日本光學工業，只得將他的高級技術轉移到工業用或民生用的光學機器產品，也就是他剛起家時的種種光學玻璃鏡片的再製應用。例如各式不同專業化需求的相機、顯微鏡、望遠鏡、測量儀器、製作眼鏡機器、X線間接攝影用晶球體、眼鏡鏡片製品等等。尤其是1946年，日本光學工業取「日本光學」的日文羅馬字母拼音「Nippon Kōgaku」之字首縮寫，將新生產的35mm小型相機系列正式命名為「Nikon」（尼康），是「尼康」作為相機品牌的最早開始；隔年，「Nikon」被登錄為商標。1959年，尼康首部35mm單眼相機The Nikon F也問世了。

　　又在當時盛行財閥解體的風潮中，日本光學工業公司雖然也被納入「過度經濟力集中排除法」的打算進行分割的企業，但因為某些原因再加上實在難以分化他的各部門，所以日本光學工業最後還是大致保有該公司的一體性。比起其他的大型公司，尼康在這一點的發展算是相當幸運而且單純的。

　　擁有優秀技術，又幸運保有公司完整性的日本光學工業，雖然也因為聯合國政策而停止一切軍需產品的研發製造，但優良的技術無法被忽視，所以1948年被指定為美軍測量機、精密機器的修理工廠；也由於他的製品都很精良，在1950年

1954.12日本光學NIKON ニコン新型S2開賣廣告

1954.12日本光學NIKON ニコン新型S2

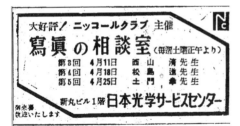

1953日本光學開設照相服務講堂

1953的傳統照相機（日本光機）

代，世界知名的《美國紐約時報（The New York Times）》還介紹尼康相機和尼康系列光學鏡片的優秀性能，他所製造的相機日後也被美國太空總署NASA的阿波羅太空號配置採用。而為了推廣他的日用相機，1950-1960年代，日本光學工業在歐美各地設立許多以「尼康」為名的分公司；又為了推廣攝影活動，成立尼康攝影團、資助各地舉行攝影比賽。例如在1956年，他就與「三菱印相紙」合作，舉行第一屆「台灣風光及藝術人像」大攝影比賽，還有演講教學，在當時台灣的藝文界掀起一股熱潮。但是，這個時候製造名牌尼康相機和尼康鏡片的公司，以及各地尼康公司的總公司，都還是「日本光學工業」喔。日本光學工業是

到1988年，才將暢銷品牌「尼康」Nikon改為公司名稱。

現在在我們日常生活的周遭，除了可以在相機電子界看見「尼康」，還可以在國立天文台、南極觀測隊觀測用望遠鏡、東京鐵塔的觀光望遠鏡、電力公司用的電路迴路體、實驗用專業顯微鏡、精密光波測距裝置、白內障用塑料透鏡、座標測定機、投影和放映設備、光波測距儀、電子式測量機、赤外線攝像裝置、大型基板用露光裝置、紅外線攝影設備等等的各方面光學用品角落發現尼康的存在，他的產品也被廣泛使用在日本及美國的主力戰車、軍艦和航空太空領

■ 1958日本光學NIKON SP等新型號

■ 1956 NIKON 在新光三越為相機舉辦說明展覽會
（以上廣告＊讀賣）

域。所以我們決不能小看只是一個相機品牌的尼康，他也是世界優秀光學玻璃的代稱。現在東京都品川區的西大井，有條路名叫「光學路」（光學通り），就是因為日本光學工業最早出現在這裡，現在尼康在那裡還有個大井製作所，為了尼康公司而命名的。

東也田邊，西也田邊──田邊三菱製藥

　　田邊因為近年來在台灣很少打廣告，所以普通台灣少年人對他的品牌印象並不是很深，但青年以上的台灣人，則多有聽過田邊製藥「護肝愛肝」的「田邊胃腸藥」廣告，以及皮膚科醫師常開的皮膚病處方箋「妥膚淨軟膏」。或許您現在對「田邊製藥」這個名詞還是沒有感覺，但如果說到「五燈獎」，或是從五燈獎出身的台灣歌后張惠妹──是不是有點興奮了呢？：＞

　　您知道嗎？田邊製藥在以前不僅是國內非常知名的日系藥廠，是日本田邊製藥在海外的第一個子公司，而且，1965年他還獨家贊助台視，催生台灣電視史上第一個由觀眾報名參加，現場播出的節目「田邊俱樂部──週末劇場」──這是台灣第一個電視選秀節目，後來成為「五燈獎」系列；而五燈獎的五個圓燈燈，就是來自田邊製藥商標的五個圈圈。當時台灣人爭看五燈獎的場面，與1960年代大家聚在電視前爭看紅葉棒球隊的比賽狀況真是有得拼！五燈獎在台灣總共播出

■ 1941東京田邊商店販賣藥品
　（*台日報）

33年（1965-1998），是台灣電視史上最長壽的節目；最高收視率發生在1971年的73.9%，也就是說10個人中有7.39個人在看五燈獎──從這裡就可以知道他是多麼全民的運動！而促成這麼多人擁有共同回憶的這一點，就要感謝「田邊製藥」公司了。

　　話雖回來，現在的「田邊」製藥公司本社位在大阪市，因為他近年來經營主力有90%以上都是放在日本國內市場，再加上行銷策略，所以新一代的台灣人對他就比較沒印象，但是他可是很大的公司喔。田邊製藥現在的名稱是

「田邊三菱製藥」公司
（Mitsubishi Tanabe Pharma Co.），
另外像長生堂和吉富製藥公司也
是他的子公司。他在2010年時，
總資產有8,187億日圓，一年銷售
額4,095億日圓，比起麒麟或明治
製糖這麼有名的食品公司還高出
許多。他的股東幾乎都是三菱體
系的各個子孫公司，其中最大股
東是三菱化學控股公司
（Mitsubishi Chemical Holdings
Co.），持股56%；而其他三菱化
學控股公司旗下完全100%持股的
子公司，比較有名的是三菱化
學、三菱樹脂和三菱人造纖維。
但是，田邊製藥跟三菱，在最早
以前是有關係的嗎？

田邊製藥的最早一開始，也
是叫做「田邊製藥」，但是有兩
個田邊製藥。

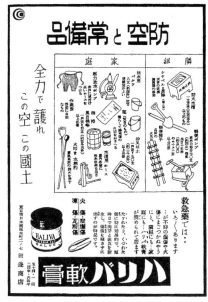

■ 田邊戰爭用綜合包

■ 1942田邊戰爭用慰問袋（以上*台日報）

一個是1678年田邊屋五兵衛在大阪土佐堀設立的「田邊屋藥店」（「たなべ
や藥」），擅長胃腸鎮痛藥。他在1933年，將屬於個人組織的田邊五兵衛商店，
改組為股份有限公司，又在1943年變更公司名稱為「田邊製藥」，但是在2007年
與三菱化學（Mitsubishi Pharma Co.）合併前，與三菱集團並沒有關係。

另一個是1901年東京日本橋的田邊原三郎創業的藥店「田邊元三郎商店」，主要製作類似撒隆巴斯這種外用消炎鎮痛劑的大眾藥。他在1921年改組為股份有限公司，1943年改公司名稱為「東京田邊製藥」，1999年與結合了三菱化成和三菱油化而成的三菱化學（其中的藥業部門，擅長血管氣管用藥）合併，成為「三菱東京製藥」；後來又在2001年與Welfide公司合併，再改名為「三菱化工」。而這間Welfide公司來歷可不小，是由1.從早期武田製藥分化出來，強調製造抗精神病、抗憂鬱、睡眠藥等精神科藥學領域的吉富製藥，和2.吸收專門製造血液製劑，曾開設民間血液銀行的綠十字（Green Cross Co.），兩間公司在2000年合併後組成。不論如何，這一段過程告訴我們，在1999-2007年間，只有一個西邊大阪的田邊製藥，東京的田邊製藥已經被含納在三菱集團的體系之內。所以1960年代在台灣報紙徵才廣告上看到的標題「三菱實業股份有限公司藥品部徵各縣市外主任」，那徵求的是三菱化成公司的員工，而不是徵求三菱化學，或三菱田邊製藥的員工。而以上這段複雜的過程，請參見田邊三菱製藥網站提供的企業史附圖。

這裡還要額外一提。大阪的田邊屋五兵衛和東京的田邊原三郎並沒有沒有關係，只是因為他們的祖先都住在田邊，所以姓氏剛好一樣。這要說到在明治維新之前，95%以上的普通日本百姓都沒有姓氏（當時只有高等階層才可以有姓氏），後來為了現代國家戶籍管理上的需要和方便，政府才允許人人都可以有姓氏；而沒有唸書的大家不知道要取什麼姓，所以通常會以住地、職業、習慣的景物等等，作為取姓氏的參考。過去日本也是以農立國，到處都是住在田邊或山下的人，所以取「田邊」、「田中」、「山下」當姓的人家就很多，因此成為現在日本非常普遍的大姓（之前提到的「豐田」也算）；而且他們都喜歡用姓氏做為店名，所以就產生東也一個田邊，西也一個田邊，東和西邊在某一段時期各有一個田邊製藥的情況。這種情況直到1999年因為東京田邊製藥改名成為「三菱東京製藥」而消失。

■ 田邊歷史簡表

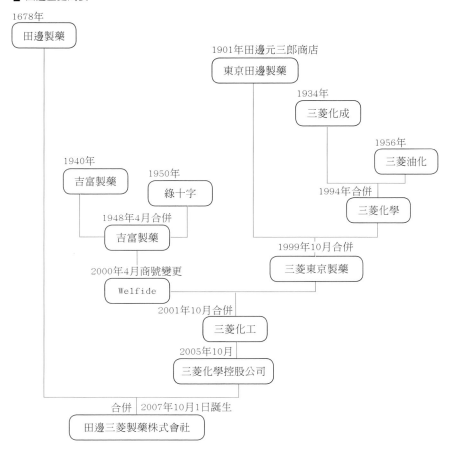

資料來源：田邊三菱製藥網站

　　然後，兩家平行的製藥公司，原本也可以繼續平行下去，但是因為大阪的田邊製藥在2001年與東京的大正製藥（背後沒有特別大的財閥勢力）成立共同的「大正田邊藥業組合」後，兩間公司常在爭奪醫藥品事業的主導權，所以同年底不歡而散，也無法繼續未來可能的合併。再加上其他原因，最後大阪的田邊製藥就在2007年與三菱化工結婚，兩者改名為「田邊三菱製藥」公司，由三菱集團佔新公司股份比重的50%以上，所以擁有主導權（或是說大阪的田邊製藥還是失去主導權）。

結合了很多公司，包括善長氣管毛病的舊三菱化學（製藥部）、善長筋骨酸痛的舊東京田邊製藥、善長心血管問題的舊三菱東京製藥、善長精神疾患的舊吉富製藥、善血液疾病的舊綠十字，以及善長腸胃問題的（大阪）田邊製藥，所共同組成的「田邊三菱製藥」公司，可以說是從身體到心靈，從皮膚到內臟，樣樣都有，好像快要變無敵了。但是，研發藥品非常花錢，企業體還是必須設個中心主軸，所以他的動物藥事業在2002年讓渡給大日本製藥（今大日本住友製藥），改專注在人體的藥物治療，和以醫療用醫藥品為中心的事業，尤其著重在循環器、生物學的製劑、中樞神經、消化器、呼吸器等疾病治療，其中精神性藥物由分公司吉富製藥公司負責。

現在，身為三菱大集團的一員，「田邊三菱製藥」的前身之一「三菱化學」，是隸屬在三菱金曜會的團體中，而田邊三菱製藥因為身分和財力還沒這麼高階，所以與其他三菱系的製藥公司一起加入名為「三和系」的製藥公司團體中。

只是，1962年成立的「台灣田邊製藥股份有限公司」，到底是大阪田邊製藥，還是東京田邊製藥的分公司呢？由於台灣的田邊製藥公司沒有說明，我也不敢胡亂定論；但依照推測，還是以大阪的田邊公司為總公司的可能性比較大。為什麼呢？因為東京的田邊公司正式社名是「東京田邊製藥」，多加了「東京」二字之故也。但還請認真的各位幫忙想想、尋求解答囉！

■ 1936兩個田邊一起賣腸胃藥（*台日報）

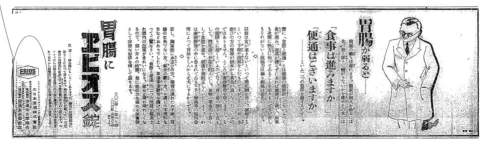

營養的三明治──
大日本明治製糖、明治製糖、明治製菓

　　大日本明治製糖公司（Dai-Nippon Meiji Sugar Co.）是三菱商事完全的子公司，由三菱商事100%出資設立，本社位在東京日本橋1丁目，從事砂糖、調味料、穀物類的製造加工販賣事業，目前資本金約20億日圓。

　　他最早是1890年由日本糖業之父的鈴木藤三郎，在東京小名木川畔的砂村（今江東區）設立的鈴木製糖所，1895年改制成為「日本精製糖」，開始日本的近代製糖事業；5年後再吸納沖繩大東諸島的製糖業，開始生產粗糖，公司的名稱也改成「東洋製糖」。1906年，他再與大阪澀澤榮一的「大日本精糖」合併，改名為「大日本製糖」，同時在政府的優惠政策下進入台灣的製糖工業，在鹽水港麻豆（今台南縣麻豆鎮）以資本金500萬日圓設立精製糖公司「明治製糖」，並因為治安、原料產區、海陸運便利，和公有溪埔地廣大的原因，首先選在斗六虎尾溪畔的五間厝設置粗糖工廠，就是現在鼎鼎有名的「虎尾糖廠」，是雲林地區第一座新式製糖工廠；隔年開始製造販賣日本國最早的角砂糖，然後再計畫設立能力1,200

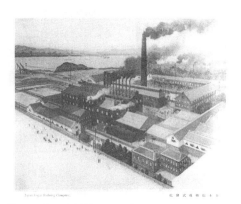

■ 1906大日本精糖公司工廠

■ 1914大日本製糖工廠（以上*日本商工大家集）

署 鹿 工 場 全 景

■ 蕭壠製糖所和載貨火車

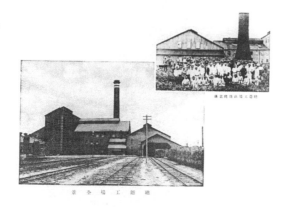

總 鹿 工 場 全 景

■ 總爺糖廠和鐵道（以上*明治製糖創立15年紀念）

英噸的新式大工廠。1907年，「明治製糖」再向鈴木商店購買日本大里精糖所，接著1908年台灣工廠完工後（後來稱為第一工廠，又名蕭壠製糖所），1910年後又設立台灣第二工廠（總爺糖廠，後成為明治製糖公司的總社）、台灣第三工廠（位在麻豆），甚至還跨足到日本內地，在1912年合併橫濱精糖公司，繼承川崎工廠，以及不久後也經營「明治商店」公司，從事糖業和一切相關製品的販賣（包括之後將提到的明治製菓與明治製乳）。

在到二次大戰結束之前，明治製糖一直在併購台灣其他的各家糖業公司，例如大和製糖（鹿港辜顯榮創建）、東洋製糖的南靖製糖所與烏樹林製糖所、台東製糖，以及日本管轄區範圍內各地的製糖公司，如朝鮮製糖、內外製糖、東洋製糖、大安製糖；也不停的成立新工廠，和建造糖業運輸相關的鐵陸運建設。例如1909年，就有聯絡番仔田到蕭壠之間的明治製糖公司番子田線（後來的隆田線，已經廢止）。又例如南投

市的鐵路有三條：南投糖廠原料鐵路、彰
南線鐵路、中南線鐵路。前兩條都是由明
治製糖在1910年代開設，可以通往二水、
草屯、南投等地。只是在1918年帝國製糖
公司經營之通往台中的中南線鐵路通車
後，彰南線逐逐漸被取代而停駛。

在糖業外，明治製糖還在南投建有酒
精工廠生產酒精（酒精是製糖副產物，
1922年開始，1968年結束營業）、在嘉義
縣六腳鄉建立蒜頭工廠（今台糖蒜頭糖
廠）等等其他種類的工廠。

至於他的業績如何呢？1913年時，明
治製糖的營收已經超過百萬日圓。1920
年，他已擁有7間製糖工廠，1間酒精工

■ 1916明治製糖會社汽車時刻表
　（＊臺灣旅行案内）

■ 酒精工廠

■ 蒜頭糖廠與員工
　（以上＊明治製糖創立15年紀念）

■ 東京菓子與煉乳（*明治製糖創立15年紀念）

■ 1938明治牛奶糖（*台日報）

■ 1938明治製菓臺北賣店（*臺灣婦人界）

廠，在台灣種植甘蔗的原料區域有6萬多町（1町約1公頃），年年種植，負責的農家戶數3萬戶，超過10萬人；擁有鐵道321.8公里（約從基隆到高雄），一年販賣額數千萬日圓。到1936年，他的資本額已經有5,633萬日圓，9間主要工廠，原料採取區域耕地面積14萬4,872甲，鐵道1076.3公里，可來回台灣南北三趟多。1942年時又大舉增資，同時更改名稱為「日糖興業」公司。

在總公司大日本明治製糖公司方面，也在糖業相關的其他領域發展。1916年，是「東京菓子」（明治製菓前身）創立之年；那一年，大日本製糖也成立了專門的製菓部門，並且將他獨立出來成為「大正製菓」公司，資本金150萬日圓。1917年，大日本明治製糖的「大正製菓」合併「東京菓子」，成為現在明治製菓的前身；同時，大日本明治製糖又與「房總煉乳」合資，成立乳業部門的「極東煉乳」公司，後來成為明治乳業。1919年，又合併「東京澱粉精製」公司，從事澱粉事業。所以目前為止，製菓所需的糖、牛奶和麥粉原

料，大日本製糖都幫大正製菓準備好了。1923年，大日本製糖合併「日本甜菜製糖」（還有子公司北海道製糖），也成為現在明治製菓、明治乳業的系列公司。簡單的說，就是明治製菓系列公司的背後最大母公司，就是大日本明治製糖←三菱商事←三菱集團。

在製品方面，「大正製菓」合併「東京菓子」後，除了建設日本最早的近代式菓子工廠，還製造像森永製菓一樣的卡拉梅爾奶糖（caramel，焦糖口味牛奶糖）和餅乾（biscuit），表明就是要打對台。再隔一年，大正製菓也開始販賣巧克力，兩家的競爭更是激烈了！但因為森永的牛奶糖太無敵，大正製菓的銷售率萎靡了好一陣子。為了建立市場，也必須要區隔市場，1921年，大正製菓又開發出一種加入碳酸和甜味的清涼口錠「carmine（カルミン）」，以「明治」Meiji為商標（因為母公司是大日本明治製糖），終於讓公司的成長得到一絲轉機，而且在兩年後發行機關誌《甜（sweet）》。1924年，大正製菓將社名改成「明治製菓」，並主打巧克力商品，以「牛奶巧克力」和「骰子牛奶糖」作為他的強打產品，後來又新增聞名至今的宣傳口號「巧克就是明治」（チョコレートは明治っ！）。

■ 姊弟相親—明治巧克

■ 漢文文案—明治巧克

■ 明治煉乳
（以上*台日報）

另像大日本明治製糖在1917年成立的乳品部門「極東煉乳」公司，則在1920年代主打販賣由新鮮牛乳和良質砂糖濃縮製成的「明治煉乳」、「明治冰淇淋」，和「明治牛乳」，後來還發展出兒童奶粉和果汁口味奶粉。1935年，台灣的明治製糖資本也投入極東煉乳，成為他的股東之一（果然都是一家親）。1940年，極東煉乳的公司名稱改為「明治乳業」公司，同時也作為支持兄弟企業明治製菓乳業部門的一環。

雖然這些三菱集團下的糖果或乳品業直到1942年才有在台灣（台北市中崙）

2010淺草觀音寺附近明治牛乳與冰淇淋老招牌

設廠製造，但從他們創立之初，製造的原料很多部份都是來自台灣，而且也在台灣大打廣告、舉行電影宣傳會、販賣製品、在台北榮町開設「明治製菓喫茶部」商店，因此台灣人對他們，從以前到現在是一點都不陌生。而相對於製糖公司對台灣人來說比較多是辛酸的回憶，大日本明治製糖轄下的明治製菓和明治乳業，可能就有些甜甜的味道了。

二次大戰結束後，不論是大日本製糖或是明治製糖，公司所有在日本本土以外的資產，包括沖繩，一律被沒收。他們在台灣的資產，與其他的日系或台系製糖公司的在台資產，全部被合併成台灣糖業公司，就是現在的台糖公司。而他們在日本內地的資產，則像其他較大的企業體一樣，被組合、分割或改名，也一樣在1950年代初期時，再度以「大日本製糖」或「明治製糖」（明治製糖一度被更名為明糖）的公司名稱存續。1970和1980年代，這些製糖公司一樣配合背後母公司三菱商事的出資，再分別成立東日本製糖（今新東日本製糖）、西日本製糖（今關門製糖）兩間公司。最後在1996年，大日本製糖與明治製糖合併成為「大

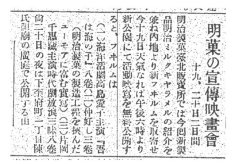

■ 1929明治製菓免費電影放映會（＊台日報）

■ 1930年代明治牛奶巧克力廣告車
　（＊廣告祭寫真帖）

明治の缶詰／明治製菓『日の出』昭和13年5月号

■ 1938明治製菓還有水果／鳳梨
　罐頭（＊台日報）

■ 2012月眉糖廠（日本時期是大日本製糖公司
　的台灣支社），日立號載甘蔗老火車

■ 還有日立商標

日本明治製糖」公司；而其製品，光只是「角砂糖」（方塊砂糖）一項，就佔了
日本國內製造量的40%。

　　另外像明治製菓或明治製乳的食品業部門，他們在二次大戰結束後，也在開

發新產品外，不停的擴展、合併其他產業，也就是現在說的「轉投資」。像明治製菓就很致力開發菓子之外的食品、藥品與健康美容產業；尤其他的藥品部「明治製藥」公司，從益生菌、抗生素、蚊蟲藥、皮膚軟膏到農藥……更是佔了明治集團六成以上的販賣品項。近幾年，這些明治製菓、製乳、製藥、生技等等產業（不含製糖），已經被整合成一個大的明治控股公司集團，在2010年時，有50多個子公司，資本金300億日圓，一年販賣額11,140億日圓。

從大日本明治製糖到明治製糖再到明治控股公司集團，加上衍生出去的鐵路運輸和各種產業工廠，再加上他們背後的媽媽三菱商事和金主阿姨三菱銀行系列，都可以看到大家族一家親，暗暗相親相愛的企業面貌。

■ 1937明治罐頭　旅行方便

■ 1937明治製果　最佳贈品
（以上＊臺灣婦人界）

長頸鹿？麒麟？傻傻分不清楚——麒麟啤酒

　　看到名叫「麒麟」的品牌，我們可能最先是想到麒麟啤酒（Kirin・キリン）——他實在太生活化了。麒麟啤酒（Kirin Brewery Company）的本社位在日本東京都澀谷，專門從事啤酒和發泡酒等酒類產品的製造販賣，是日本很大間的造酒公司，2010年的資本金有300億日圓。也是三菱家族的一員。

　　他的緣起要說到早早的1860年代。當時在日本橫濱外國人居留地裡，就有外國人開設啤酒工廠，給當地的外國人喝，但因為政府很討厭外國人，一度鎖國，那個工廠也一度被關閉。後來，那間啤酒工廠成為「清水谷釀造所」，釀造所的老闆聘請一名挪威裔的美國人William Copland擔任啤酒製造技師，使用當時最新的低溫殺菌技術，大量釀造，賣給日本人，才真正開始日本近代的啤酒工業。又後來，這個釀造所歷經工廠改裝、與他人合資改名、擴大販路、主導權爭議、商事組合解散、工廠被拍賣、釀造所破產、釀造設備賣給弟子淺田甚右衛門（後被另外成立淺田麥酒釀造所，販賣「淺田啤酒」，1912年廢業）等等事件後，1885年，三菱財閥的岩崎彌之助和其他外國資本合作，以香港國籍成立新公司「Japan Brewery（日本啤

■ 1928麒麟清涼飲料水（＊台日報）

酒）」，買下幾經異名，前途渺渺的清水谷釀造所，提供釀造所需的技師和作業員，並因為之前的設備被買走了，所以再從德國買進最新型的機器設備。之後，澀澤榮一也成為這間公司的股東。

■ 1885設立當時的工廠

■ 1888麒麟啤酒商標（以上圖片出
自日本麒麟公司網頁，感謝日本
麒麟啤酒公司授權使用）

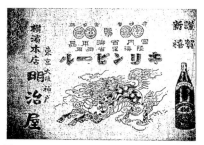

■ 1899麒麟啤酒與明治屋（*台日報）

1888年，Japan Brewery與明治屋*締結「專一販賣」契約，開始販售名為「麒麟啤酒」的大瓶裝啤酒（1瓶18錢），英文商品名「Lager Beer」，隔年出現現在所見到的麒麟商標圖——一隻迎著紅紅太陽出現的麒麟。紅太陽大家自然會聯想到日本的國旗或旭日東昇的朝氣，那麒麟呢？您可能知道，在日文裡，「麒麟」（キリン・Kirin）就是指長頸鹿，因為長頸鹿跟傳說中的麒麟一樣，都是四不像的動物；但是，看過麒麟啤酒商標的人也都知道，圖案上的麒麟絕對不是在畫長頸鹿。這就要說到在1880年代，普通日本人還不知道也沒見過長頸鹿這種動物；大約20年後，第一隻長頸鹿才在日本的東京動物園出現。那麼，啤酒以麒麟為名，到底是怎麼來的？

他的名稱由來，有說是來自創業者親友名字，也有說是當時的幹部想到「麒麟」是古代中國的聖獸（靈獸），

* 明治屋是1885年磯野計在橫濱創業，專營食料品、和酒洋酒類的批發和輸出入；也有開發自社製品和進行船舶的海上事業。2005年他的部分部門被賣給三菱商事，成立「明治屋商事」公司，2011年完全被三菱食品吸收合併。2006年時資本金約3億日圓，一年銷售額約633億日圓。

名稱的本身帶有良善的意義，又當時海外的啤酒多以動物為名，所以用麒麟的名諱，或許會方便打入日本人市場的說法。不論如何，麒麟啤酒與長頸鹿是一點關係都沒有；但他的確如員工所期待的，在日本市場裡賣出不錯的佳績，名號也愈來愈廣（也有說法是因為「kirin」的發音清脆響亮、好唸又好聽，就像啤酒給人的清涼舒暢感一樣）。所以1907年，三菱集團就與明治屋共同出資，成立純粹是日本國籍、日本資本的新公司「麒麟麥酒」公司，從產品品牌到公司名稱，完全的一體化，而原本的Japan Brewery公司則默默地被移轉、解散。當時名氣甚響亮的麒麟啤酒，為了防止仿冒品，還在商標上特別設計，讓麒麟圖案後方的三個背景文字「キ」「リ」「ン」，有固定的專門位置——キ位在麒麟的耳與角之間，リ位在麒麟中央，ン位在麒麟尾巴上方——而且以此昭告大眾，說圖文如果沒有標準對位，就是仿冒品，請消費者要小心。1928年，麒麟也開始販賣清涼飲料的碳酸汽水，像麒麟檸檬汽水、麒麟果汁水、麒麟蘇打等等，後來也另外成立負責果汁汽水的子公司。

　　那這樣熱熱洋洋開拓市場的麒麟啤酒，

■ 2011台北動物園的長頸鹿

■ 1957麒麟商標是品質的保證（＊讀賣）

■ 1921麒麟啤酒、黑啤酒（＊台日報）

在日治時期的台灣也有其影響力嗎？當然。作為三菱集團企業的一支，面對新加入日本國土的殖民地，麒麟啤酒自然也是不遺餘力的拓展他的市場。除了進行平面廣告戰爭，新聞報導中也不乏他的宣傳報導。像1899年麒麟啤酒與明治屋締結專一販賣契約時，台灣的報紙媒體在當下及之後，都有對他發展情形的詳細記錄報導；或像1900年麒麟啤酒在台灣開始正式販賣，還特地在台北大稻埕六館街（板橋林家蓋的商店街）的小島商店，舉行「麒麟啤酒披露會」的夜間趴，以及之後每年夏季暑熱和歲末贈禮時節的啤酒促銷、日常的義捐啤酒，或是周年紀念如五十年紀念活動等，媒體也多有報導。

此外，隨著啤酒市場的開展，台灣人愛喝啤酒、不肖商人販賣已經變質的啤酒，還有啤酒市場戰況激烈等事件報導，也陸續出現。這當中的主角，主要有麒麟、朝日和札幌、惠比壽四牌啤酒，尤其前三者的品牌競爭，從過去的1910年代到現在的2010年代，100年間都競爭激烈。

■ 1936麒麟啤酒（瓶裝）（*台日報）

當時，由於麒麟啤酒的製造和販賣量總是「稍微多一點」，所以台灣的報紙上如果有任何酒類不法或競爭的事情出現時，麒麟啤酒很多時候都是首當其衝。例如1910年代的幾則「調查腐敗飲料」報導，有說「江瀕街黃氏花蔣氏法金店頭所賣麒麟麥酒二矸。……腐敗。酒中生濁物」、「台中廳警務課。此番調查該市販賣飲料。聞發見不淨者有二萬矸。直行禁止再售。其中以麒麟麥酒為多。」尤其後者因為數量龐大，嚴重損害麒麟啤酒的商譽，所以麒麟啤酒還

向當時的事主——台灣總代理店山一商行，請求
14萬日圓的賠償金。另外請注意，當時的報導都
是用「矸」當作單位數，因為啤酒產業是到二次
大戰結束後，才有像現在鋁製啤酒罐的出現。

　　到1920年代，有關啤酒的報導從「調查不
法」，轉變成「商戰激烈」、「麥酒混戰」、
「擴張販路」為最多。當時啤酒們的主要戰場，
除了家庭，主要是在飲食店和娛樂性場所的商業
界，像冰店、劇場、遊廓（藝妲間）、餐廳（料
亭）這一類。為了擴大銷售市場，各製造商除了
流血競爭，也要極力籌備擴張販路。例如麒麟啤
酒就多次派人到台灣和澎湖馬公視察，而且為了
擴大販售網絡，還破天荒地將原本屬於大阪明治

■ 1939台灣專賣酒（*台日報）

屋一手包辦的配銷事業，提撥出部分台灣市場給台北的近藤商會經營。

　　經過現代經濟體洗禮過的各位都很清楚，競爭過度，對產業的發展和企業體
本身都不是一件好事；即使因為價錢變便宜讓消費者好像賺到，但在品質、研發
或服務等成本方面一定會打折，對消費者來說也是一項威脅。有鑑於1920年代前

後啤酒產業的瘋狂競爭對各公司都有很
大的殺傷力，所以先是三井集團結合幾
間公司，合併組成「大日本麥酒」公
司，一起對抗三菱系的麒麟啤酒；1930
年代一開始，又以麒麟（三菱）和大日
本（三井）幾間大啤酒公司為首，締結
販賣協定，以「和平公平」的方式開展

■ 1957麒麟啤酒東京工場落成廣告（*讀賣）

■ 2011麒麟啤酒一番鮮（鋁罐）

市場。所以之後在廣告媒體或商店販賣架上，台灣人一樣常常看到啤酒廣告、買到產品，但流血大特價或價格混亂的場面就很少出現。而隨著啤酒愈來愈廉價普及，以及台灣人的生活愈來愈近代化和日本化，啤酒也已經成為當時人常備的民生日用品之一。

　　再回到日本本土來看。二次世界大戰之前就已經頗具名氣與人氣的麒麟啤酒，在戰爭結束，民生需求隨之大發展後，他的生產量也逐步增加，1954年時成為日本國內第一名的啤酒品牌，把朝日啤酒丟在後方。只是您知道嗎？啤酒業過去以來都是像我們常見到的台灣米酒玻璃瓶包裝版一樣，都是裝在玻璃瓶內的喔，所以才有〈酒矸能賣否〉的歌名——所以以前的阿公或老爸喝酒矸酒時，他不一定都是喝米酒，也很可能是在喝啤酒。1960年，麒麟開始販賣鋁罐包裝的啤酒，簡易輕便的包裝，讓本來就訴求清涼輕鬆的啤酒更加「親民」，竟然在1966年，讓麒麟啤酒在日本國內的產量一舉超過50%——當然還是日本國內第一名的啤酒。

　　之後，麒麟啤酒同樣以麒麟為名，再衍生出好幾間分公司，另外在1976年，與三菱集團下的小岩井農牧社一起出資，設立「小岩井乳業」公司，並將本社的地址從橫濱遷移到東京。接著在1985和1990年，麒麟在啤酒本業，又先後創出幾個公司的經典產品，像麒麟生啤酒（キリン生ビール）、麒麟第一泡生啤酒（キリン一番搾り生ビール）等等——說不定您前幾天才剛喝到這個不敗系列呢。

　　2007年，是麒麟啤酒創立的100周年，麒麟啤酒公司除了推出紀念酒和慶祝活動，也將企業總體的名稱從「麒麟麥酒」（Kirin Brewery Co.）改為「麒麟控股」（Kirin Holdings Co.）公司，大整理旗下所有的產業部門，重新分配各業務

給不同的部門子公司。這時的麒麟控股公司，已經包括新的麒麟啤酒、麒麟物流，醫藥、清涼飲料如果汁汽水、健康食品、調味料、花卉、一般食品、商業、裝潢、文化如藝術和運動等等各項事業的分公司，以及經營酒類和飼料的Mercian公司；這間Mercian公司也很有歷史，他成立在1934年，是「味之素」創業者鈴木三郎助的次男，利用味素製造產生的酒精所創業的酒品公司；2006年與麒麟合併，2010年完全子公司化。

■ 2011日本隨處可見的麒麟飲品販賣機

　　比較特別的是，2009年時，麒麟啤酒開始販賣世界最早的無酒精啤酒「Kirin Free」，而且同一個年度，朝日啤酒的「販賣數量」勝過一直以來位在第一名的麒麟啤酒（沒多久又被麒麟奪回冠軍寶座），只是奇怪的是，當年度啤酒類裝載的貨物量，仍是由麒麟啤酒勝出。但不管如何，麒麟啤酒的商品種類和品牌數量，目前依舊是日本啤酒業界中的第一名。

擁有很重的日本錢箱

 住友（SUMITOMO）

　　不知道各位有沒有看過日劇「華麗一族」？這一樣是山崎豐子的小說，1970年起在雜誌連載，講述1960年代後期日本金融財閥家族中的人際與權力糾紛，以及官產界的欺壓與暗盤，曾經被編為電視劇和電影；2007年由木村拓哉飾演萬俵鐵平的二代版本「華麗一族」，還有來台北228公園前的土地銀行（今國立台灣博物館）取景拍攝。故事主軸之一的「阪神銀行」，有說是以神戶銀行（今三井住友銀行）為藍本所做的創作。但比起發源於東京的三井，由於住友是從大阪發跡，又有雄厚的煉製金屬事業，因此個人覺得更像是用住友家族作為故事的底本。

　　住友財團目前是日本次於三井和三菱的第三大綜合企業，但其發跡的歷史源頭是日本四大集團中最久的，可以追溯到服侍室町將軍的武家住友忠重。忠重的第八代子孫住友政友，就是創辦現在住友集團的最早「家祖」（住友集團還有另外一位「業祖」）。

　　住友政友（1585-1652）出生在越前國的丸岡地區（今福井縣坂井市丸岡町），大約12歲時被武家的父母送到京都當涅槃宗的僧人，後來在幕府政府的宗教政策下被迫還俗，在京都開了一間「富士屋」的商店，販賣書籍（今文殊院）和藥物如「反魂丹」等物品，也出版教化類書籍如《往生要集》，是住友家族一切商業基礎的開始。因為住友政友曾經進入空門，因此他的處世宗旨與其他財團相差很大，是以「正直、慈悲、清淨」為基本，非常具有佛家色彩；這些也成為日後住友集團的企業精神根幹。

　　另一位使住友家族擁有茁壯基礎的人，是住友政友的姊夫蘇我理右衛門（1572-1636）。理右衛門年輕時曾學習銅精鍊和銅細工的技術，但當時日本的銅精鍊技術尚未成熟，還無法把銀從粗銅中抽離出來，當賣出粗銅時，只能照原狀輸出，徒讓外國商人賺錢；後來，理右衛門向外國人學到利用鉛使銀銅分離的方法，開發出更精細的銅精鍊新技術，這項技術當時的人稱為「南蠻吹」。

　　1590年，他用學到的技術在京都寺町開設「銅吹所」商店，名稱是「泉屋」。泉屋店名的來源有幾個傳說。一個是理右衛門夢見他信仰的五條天神，說如果他使用「泉」字作店號，將可使子孫繁昌。第二個是教他使用「南蠻吹」這項新技術的外國人名叫「白水」，而白水二字合起來就是「泉」，取名泉屋用來表示他對恩人的感謝。第三個是理右衛門的祖先來自泉州，所以以「泉」為店號（但實際上並不是）。不論如何，因為「泉屋」有「南蠻吹」這項精煉銅的技術，不只讓泉屋商店大發展，也使大阪成為日本銅精煉的中心。

　　之後，因為住友政友的女兒嫁給理右衛門的長男理兵衛友，理兵衛友成為養子，再加上住友政友和理右衛門是姻親，本來大家都是一家親，所以銅吹所「泉屋」就被納入到住友家族的家業下，理右衛門成為住友家的「業祖」；又為了表彰理右衛門，也是因為「南蠻吹」這項新技術對煉銅發展貢獻很大，所以住友家族代代的銅銀事業，都是使用「泉屋」作為經營的商號。現在大阪市中央區島之

店　本　友　住
■ 19世紀大阪市住友本店（*住友事業案內）

內1丁目的三井住友銀行事務中心（原本是住友銀行，後來與三井銀行合併後改名），還留有「住友銅吹所遺跡」的紀念碑。

前述的商業與基礎工業，為住友家族日後的發展奠下基底。住友政友和蘇我理右衛門的孩子們，也是住友家的第二代，一方面擴展商業販路，到當時的商業中心大阪設立分店，交易京都與大阪的銅，以及棉絲、布料、砂糖、藥種等物品；二方面則因為進入德川時代，銅剛好是當時很重要的輸出品，所以住友的銅精鍊業更加發展。從商業和煉銅的基礎工業獲得的充沛資金，讓住友家族再朝向兌換業的錢商發展。於是，商業、礦業和金融業，成為日後住友家系的三大主軸事業。比較起來，三井是在住友之後約200年才發展起來，所以不只家系，住友家族的事業發展也是日本近代所有財閥裡最早的。

到1662年前後，住友家因為有秋田的阿仁銅山、備中的吉岡銅山等銅礦的利權，成為日本幕府御用的銅山師，是日本第一的銅礦業者。約同時，住友家的金錢匯兌事業也從京都正式擴展到大阪和江戶（今東京），因此成為江戶時代前期（1603-1715）握有礦業和金融業的有名實力者；在這10年後的1673年，三井家才開始在東京開設「越後屋」的和服布料店。而到慶應初期（1865-1867；慶應是江戶幕府最後一任將軍），住友更成為日本當時四大資產家之一。

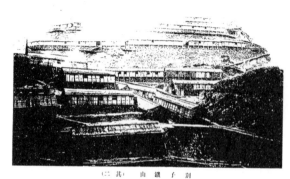
（二其　山礦子別）
■ 1904別子礦山（*住友事業案内）

1691年起，住友家在過去經營的基礎下，再開發愛媛縣的別子銅礦（別子銅山；1690年發現）。您應該聽過別子銅礦，也知道和他相關的礦毒事件和員工抗爭活動，但您或許不太清楚他為何這麼有名。

別子銅礦在日本的銅業界

裡，是第一個導入外國技術和設備的銅礦，有明治時期開始以前，日本最高產銅量的紀錄，而且是純度很高的黃銅礦。技術好、產量大，真可以說是日本礦業界的驕傲。

　　但是，住友家有他之後也不是就這樣一帆風順了：他先是被迫用來支持江戶幕府的貨幣政策，1868年明治維新後，新政府要廢除所有舊政府時代的「特權」，就利用分割土地所有權與礦物採掘權的機會，壓制那些「特權」，結果一些私人營業的礦產因此倒閉，住友家也一度面臨很大的壓力，稍一不小心，很可能就會一失足成千古恨。幸好當時住友家的總理廣瀨宰平，提出「諸事更新」的計策，聘請外國人技師、開始別子礦山近代化計畫、向政府申請開設新式的精鍊所、建設住友別子礦山鐵道等等，用「近代化」和「有益國家」留住明治政府的支持——結果的確讓住友家保住別子銅礦。而且，廣瀨宰平也利用機會，拓展經

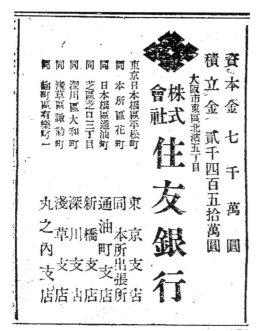

■ 1921住友銀行廣告　　　　　　　　　　　■ 1913住友集團廣告（以上＊讀賣）

■ 日本四大銅山，由上至下：日立銅山（久原房之助）、足尾礦山（古川市兵衛）、小坂銅山（藤田傳三郎）、別子礦山（住友吉左衛門）
（*太陽，轉引自日本科學技術史）

營與銅關連的多角事業，像是兼營倉庫與金融業的複合式產業、開墾農田（保證員工有米吃）、再製茶業、買下福岡縣的庄司炭坑・忠隈炭坑，以及設立銅販賣支店、製絲工廠、大阪製銅公司、關西貿易社等等，進出糧食、銀行、倉庫、航運、保險、紡織等多方面產業。

　　此後，在別子銅礦從1691年開始，到1973年停止運作的280多年間（閉山時為住友金屬礦山公司別子礦業所），有坑道全長700公里（台灣南北長約377公里，可來回台灣一圈有剩），最深處到地下1000公尺（也是日本最深的礦道）；每年不間

■ 1911楠木銅像，今尚存（＊日本科學技術史）

斷的產銅，僅純銅產部分，總計出貨75萬噸，是日本的三大銅礦之一，被稱為「住友的錢箱」。日本皇居前廣場公園內的楠木正成塑像，就是1900年時，為了紀念別子開坑200年，用別子銅山的銅製作獻納的。又與他採煉金屬相關而發展起來的新市鎮、化學工業、機械工業、鐵公路發電等基礎設施，對日本的貿易與近代化也有很大貢獻（當然也有負面影響帶來的教訓）。現在別子銅山已經開發成主題公園，可以礦山觀光、淘金體驗，還能泡溫泉，並因為他歷時長久、幅員廣闊，具有種類、時代、地域多樣豐富性的礦業遺跡群，所以已經提交登錄世界文化遺產。

　　當時，在別子銅礦和之前已經建立起的家業後盾下，住友家在明治大正時期（1868-1925），依次開發與別子銅山相關連的產業和公司。例如機械工業（製作修理別子銅山使用的機械。今住友重工機械）、石炭礦業（鍊銅用的石炭自

■ 1899住友伸鋼廠商標　　■ 1906住友伸鋼廠

住友伸銅場は千九百年佛國巴里大博覽會に於て銅板と銅線に金牌を受領し又明治三十六年第五回内國勸業博覽會に於て伸銅業に名譽銀牌を各種製品に二等賞を受領したり左に巴里博覽會受領の金牌を揭ぐ。

巴萬里國博覽會
金　牌

登錄　商標

登錄　商標

登錄　商標

■ 住友商標，與1900年在巴黎大博
　覽會所得金牌
　（本欄*住友事業案内）

■ 1903住友鑄鋼廠（本欄*住友鑄鋼場製品一覽）

ヤマハモペット　雑誌広告
■ 1930山葉機車（＊台日報）

■ 1936山葉樂器
　（＊建築材料陳列場綜合型錄）

■ 1934山葉鋼琴廣告（日本樂
　器製造株式會社）
　（＊臺灣婦人界）

給）、伸銅場（銅加工）、電線製造所、鑄鋼所（銅與鐵的應用）、肥料製造所
（防除銅製鍊工程的煙害，和以生產工藝的副產品硫酸氣作為原料，今住友化
學）、林業（銅山周邊的植林）等等產業；而住友集團也以礦工業、金融業的二
大部門為中心，持續發展他的財閥勢力。1928年，住友總本店改組為「住友合資
公司」；他的特色，就是資本幾乎都放在重化工業，例如金屬、化學、機械、礦
業，這些也都是適合戰爭期間軍需發展的工業；相對起來，他對纖維工業和商業
部門的投資非常少，頂多像是在1920-1930年代，以人力物力和技術，支援製造
樂器機械的山葉公司（Yamaha：日本的樂器、半導體、運動用品、機車等製造）
而已，但山葉公司其實也還算是機械產業的一種。也因為住友集團投資在民生產
業的部份很少，因此普通台灣大眾對他的「住友」商標是比較不認識的。又日治
時期，他也有來台灣單獨或合資的投資各種工業或電力，像曾經提過的「台灣電

■ 住友諸會社的系統圖（1928）

住友合資

- 販売所
- 林業所
- 高根鑛業所
- 大萱生鑛業所
- 鴻之舞鑛業所

關係會社

- 三井信託
- 日本無線電信 — 日本航空輸送 — 北樺太鑛業 — 北樺太石油 — 日本銀行
- 東洋窒素工業 — 南美土地山東鑛業 — 金福鐵路公司 — 日清汽船
- 北海道電燈 — 泉尾土地 — 若松築港 — 日本電力 — 九州水力電氣
- 伊予電氣鐵道 — 日本電氣證券 — 留萌鐵道 — 帝國洗濯 — 東亞興業
- 大阪商船 — 日本勝利汽車製造 — 阪神電氣鐵道 — 九州電氣軌道

傍系會社

- 大阪北港 — 扶桑海上火災 — 日美板硝子 — 九州送電
- 日本樂器 — 山葉洋行

直系會社（連系會社）

- 住友建物 — 土佐吉野川水電
- 住友別子銅山 — 住友九州炭礦 — 住友坂炭礦 — 住友伸銅鋼管 — 住友製鋼所
- 住友倉庫 — 富島組
- 住友肥料製造 — 耐火工業
- 住友電線製造 — 藤倉電線 — 中華電氣製作所 — 日本電氣
- 住友生命保險 — 日本相互貯蓄銀行
- 住友信託 — 福島紡績 — 合同毛織
- 住友銀行
  - Shuttle住友銀行 — 加州住友銀行 — 豐前銀行
  - 夏威夷住友銀行 — 佐賀百六銀行 — 昭和銀行
  - 三州平和銀行 — 和歌山倉庫銀行 — 南滿洲鐵道
  - 大阪合同紡績 — 帝國蠶絲倉庫 — 大日本賽璐珞

資料來源：安岡重明編，《日本財閥經營史》（東京：經濟新聞社，1982年）。

力」公司，或是「台灣銀行」這一類的金融工業界，但相較於三井和三菱，住友算是比較少在台灣活動的財閥。

　　不論如何，到1945年時，住友主要的企業體，除了以「住友」為抬頭的住友信託銀行、住友銀行（今三井住友外銀行）、住友海上火災保險（原大阪保險。2001年與三井海上合併）、住友生命保險（原日之出生命保險）、大阪北港株式（今住友商事）、住友電氣工業（原住友電線製造所）、住友化學工業（原住友肥料製造所）、住友林業所（今住友林業）、住友金屬、住友電氣工業（今住友

■ 1899住友銀行一支店（＊住友事業案内）

■ 住友生命保險公司廣告
（＊臺灣警察時報）

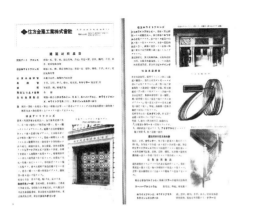

■ 1936住友金屬工業介紹文
（＊建築材料陳列場綜合型態）

■ 1933大日本製藥（＊台日報）

電工)、住友肥料製造所(今住友化學)、住友倉庫,還包括沒有打上「住友」標誌的大阪北港(不動產業;今住友商事)、浦賀船渠(今住友重機械)、明電舍(今明電舍)、昭和興業(今東海橡膠)、東海電線(今住友電裝)、日新電機、工藤電氣(今住友電設)、日本dunlop護謨(今住友橡膠)、日本電氣、大日本製藥(今大日本住友製藥)、日本樹脂(今住友樹脂)、日米板硝子(玻璃;今日本板硝子)、磐城水泥(今住友大阪水泥)等等,幾乎都是屬於金融和化工類的公司。而1945年當時,住友本社旗下的直屬公司有約120間,資本金總額大約100億日圓。

二次大戰結束後,住友集團同樣在財閥解體的政策下被分割成數個獨立的企業體,而且因為戰爭期間很多廠房受損,以及被聯合國規定無法再進行軍需工

■ 1922大日本製藥販賣癩病特效藥 (*台日報)

業，所以住友集團只好轉向民生或產業工業發展。像他的商事公司，就朝向貿易、製鹽、水產、農業、石灰水泥、出版等事業發展，化學工業就朝向藥物和肥料生產，金屬工業就朝向車輛工業發展等等。

之後，住友也同三井和三菱般，在韓戰期間國際緊張的局勢中，得到各公司再度合併的契機。1949年，舊住友直系12位重要的企業長，包括化學、金屬、礦山、銀行、信託、生命、電工、機械、電氣、倉庫、石炭、日本建設等12間公司社長，共同組成「白水會」（如果各位還記得，這是源自「泉屋」的店號），作為確立集團全體體制和意識的指導單位。

現在，住友核心集團的「白水會」有會員36間公司，包括：

1. 以「住友」作公司抬頭的化學、重機械工業、金屬工業、金屬礦山、倉庫、電氣工業、不動產、輕金屬工業、建機、精化、精密工業、電設、電裝、水泥、橡膠工業、樹脂、林業、物產、商事、信託銀行、生命保險公司，

2. 以「日本」為公司抬頭的大日本住友製藥、日本板硝子、日本總合研究所，

3. 與三井結姻（主要在金融界），以「三井住友」為公司抬頭的銀行、海上火災保險、金融卡、金融貸款、証券、建設等公司，以及

4. 其他各式名稱的住友體系公司，如住商情報系統、東海橡膠工業、日新電機、明電舍、日本電氣（NEC）等公司。

這些住友財閥系的企業全體，一年銷售額超過60兆日圓，約佔日本全國GDP的十分之一。

其中，住友集團裡的最中心企業，除了三井住友銀行，其他如「住友金屬工

■ 2011大阪機場內，三井住友銀行之外幣匯兌處

業」，主要從事製鋼製鐵，現在主力的製鐵所是鹿島及和歌山的兩間製鐵所；在2010年時，資本金2621億日圓，總資產24,037億日圓，是日本最大的鐵鋼材料製造商，提供日本各地民用和軍需所需的一切鋼鐵材料，企業資產在日本國內排名前3位、世界排名前20名。

「住友化學」從事基礎化學、石油化學、情報電子化學、健康‧農業關連事業，是住友集團下最大的綜合化學製造商，也是日本國內僅次於三菱化學的第二名化學公司，在2010年的總資產23,673億日圓，旗下主要的子公司是「大日本住友製藥」（最前身為1897年成立的大阪製藥）；在1950-1990年代，台灣非常有名的「達安感冒藥」系列，就是他的產品之一。

「住友商事」是住友集團的綜合商社，與三菱商事、三井物產一起，並列代表日本的三大綜合商社。由於集團母體的屬性不同，當然主要販賣的物品種類也不一樣。住友商事交易內容，以金屬、能源（如石油、電力）、電子工業、資源、機械、化學品、纖維、食品、通路為主，在2010年的總資產有7,182億日圓，旗下還有建材、貿易、新光製糖、住商等等多間子公司。

■ 2011四國住友生命招牌

「住友電氣工業」，簡稱「住友電工」，主要製造非鐵金屬的電車和汽車用品、情報通信機器、電子部品、產業素材等，其中僅電線產量就在世界排名第3名。在2010年的總資產是235,271億日圓。

「日本電氣」（NEC），從事電氣機器產業，包括IT設計、電子平台如體積迴路IC面板、無線電波（如通信、手機、太空通信、無線網路）、社會基礎設施、個人用攜帶式設備（含筆記電腦）、照明、太空事業如星體探測機……是住友集團內擁有最多員工數的公司，也是日本企業的前十大的公

司。在2010年的總資產有26,289億日圓，員工近12萬名。他也是住友集團主要企業中，唯一不用住友井桁式的家紋（＊），而用「NEC」作為商標圖案的公司。

　　最後還要補充一下。相較於三井和三菱這類新興的財閥，住友因為歷史久遠，而且出身於京都和大阪，所以他也是諸財閥中，少數不以東京為根據地，而以大阪為根據和發展地的財團。所以各位若到關西旅遊，可能會比到日本其他地方見到更多住友集團的機會。

■ 住友白水會組織表

住友白水會（住友集團核心）的19個成員公司	
住友化學	三井住友海上火災保險
住友重機械工業	日本板硝子【玻璃】
三井住友銀行	NEC【電器機器、通訊】
住友金屬工業	住友不動產
住友金屬礦山	住友大阪水泥
住友商事	住友輕金屬工業
住友信託銀行	三井住友建設
住友生命保險相互會社	住友膠木【化學】
住友倉庫	住友林業【木材、住宅】
住友電氣工業	

與住友有公共關係的有36間公司。除了前述19間，還有以下17間	
SCSK【IT】	住友建機
SMBC友誼証券	住友電裝
三井住友信用卡	住友精化
三井住友融資	住友精密工業
日新電機	住金物產
住友橡膠工業	東海橡膠工業
住友電設	日本綜合研究所
住友三井汽車服務	明電舍
大日本住友製藥	

說明：除住友生命保險相互會社與NEC外，上述均是股份有限公司
資料來源：住友集團網頁

安田（瑞穂）（YASUDA）

　　安田也是日本的四大財閥之一。相較於之前提到的三井、三菱和住友，安田集團的特色在於他很少涉入輕重工業或商業，而是著重發展金融體系。他的金融部門非常強而有力，實力一直以來都超越其他財閥，雄居全日本之冠，也是其他財閥和大型企業的金融後盾，因此又被稱為「金融財閥」。因為他都隱居在其他財閥企業的背後，大家對他比較不熟，所以台灣對他的研究或認識也很少；但實際上，安田是推促日本產業界和近代化非常巨大的一隻手，三井、三菱、住友，或是其他的財團，都與他發生過關係，或是不能沒有他。

　　安田財閥的創辦人是安田善次郎（1838-1921），出身自富山縣富山市下級武士家庭。他在約20歲時到東京為將軍「奉公」（武士的義務役），之後到玩具店和匯兌商工作，打下他日後建立金融帝國的基礎。26歲時（1866年），安田善次郎在東京最熱鬧的日本橋一帶開設金融匯兌商店「安田商店」（安田屋），因為承攬當時日本政府的匯兌業務而發跡（各位還記得嗎？三井也是因為承攬當時政府的匯兌業務而大興起），後來在明治維新政府改革幣制的過程中，因為積極且大量的收購當時還不被信賴的明治新政府貨幣「太政官札」（三菱則是大量購買地方藩幣，再高價賣給政府）、進行匯兌業務（也算是幫助明治政府的貨幣政策），當明治新政府漸漸穩固，頒發全面改用太政官札這種貨幣的命令時，大家都找安田換錢，安田因此就發了；而且因為他之前的全心支持政府，政府也非常信任和倚賴安田。

　　1876年，安田參加政府創立第三國立銀行的業務，更加穩固他在金融領域的霸權地位。4年後，即1880年，安田商店改組為「安田銀行」，而且是政府機構

■ 1900安田銀行在東京日本橋的本店（*日本之名勝）

的「御用銀行」（戰後改名富士銀行，現名「瑞穗金融集團」Mizuho Corporate Bank）。

　　此後，聚集龐大資金安田，也同其他集團般，逐步向其他各個領域擴展。基於有土斯有財的傳統想法，安田先投資不動產業，在1887年時設立安田保善社（今安田不動產），然後又投資北海道釧路地區的硫黃山礦山和釧路鐵道、函館倉庫（所以他和三井都是在北海道常見的財團。又函館倉庫是台灣團體旅遊常去的景點）。1893年設立帝國海上保險，補充他欠缺的損失保險業務，隔年還擴充為共濟生命保險，發展生命保險業務（所以日本在19世紀保險業已經很發達）。接著在1894-1899年間，再先後設立海運公司安田運搬事務所、

■ 安田商事的天滿鐵工廠（＊日本商工大家集）

■ 1936受安田資助的日本水泥型錄（＊建築材料陳列綜合型錄）

處理不動產業務的東京建物、製造國內新式鐵釘的安田製釘所（今安田工業）、位在北海道釧路的安田炭礦（後成為太平洋興發，三井財閥旁系）、進行紡績業務的西成紡績所。而且為了統一管理他愈來愈龐大的企業組織，1899年也設立統率一切事業的「安田商事」公司。所以在1880-1900的20年間，安田從銀行業開始，再拓展到不動產、保險、海運、陸運、礦業、製釘、紡織、建築等不同的產業領域。安田善次郎並且資助他的貧窮同鄉淺野總一郎開業，不吝地投資淺野的鶴見埋立匿名組合（進行地下基礎工程，今東亞建設工業）、淺野水泥（後日本水泥、今太平洋水泥）、日本鋼管（1914年創業，到1917年產量已6萬噸；今JFE鋼鐵）；後來他發展成為淺野財閥，是日本的十五大財閥之一。

　　但是人紅也容易是非多。例如1904年，關西的松本財閥出了問題，政府請安田出來幫忙處理：安田因為風險太大很不願意，但被政府以「天皇的旨意」為名，強迫他接受，結果他不只因為將銀行的錢特別融資給松本財閥而被民眾罵到臭頭（銀行的錢也是來自大家的錢），還因此損失27萬日圓──真是成也政府，敗也政府。

　　1911年，為了追求銀行的近代化，安田銀行與安田商事合併，成為股份有限公司版的「安田銀行」。之後，安田財閥的最高領導人因為權力問題經過幾次變革，包括1921年安田善次郎被刺殺身亡後的家族爭權混亂，但安田財閥依舊在風雨飄搖的局勢中力圖站穩腳步，向外界吸納銀行人才。日治時期台灣銀行的頭頭森廣藏，也曾被聘任為安田財閥的總領事（1929年）。

　　到1945年二次大戰結束之

■ 1911四國銀行

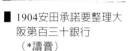

第百三十銀行と安田氏

桂首相、曾禰蔵相、松尾日銀総裁、井上伯等の盡力にて安田善次郎氏ハ今回大坂第百三十銀行の整理を承諾することとなり同行も本日より開業を見るに至りたりと

■ 1904安田承諾要整理大阪第百三十銀行（*讀賣）

■ 1900東京建物公司（株）（*日本之名勝）

前，安田財閥的產業除了

1. 密布各地的銀行——包括國立的和私人的，而且不一定都是以「安田」為名啦，像是日本很多的「第N號國立銀行」、千葉興業銀行、四國銀行、大垣共立銀行等等。

2. 之前所提的各種產業，例如安田生命保險（今明治安田生命保險、與三菱合作）、日動火災（今東京海上，與三菱合作）、安田火災海上保險（今日本損害保險）、東邦人造纖維（今帝國纖維，與日清紡織合作）、安田製釘所（今日本精工NSK和安田工業）、安田倉庫、東京建物、安田不動產等公司。

3. 京濱電鐵（連絡東京－橫濱的重要鐵路），以及設立學校和相關設備，如東京大學本部內的超級大講堂「安田講堂」（1925年建成，可容納1500人）、東京保善商業學校（1916年，今保善高等學校）。

　　還有4.密布台灣各地的資金融資，像帝國製麻、台灣製麻、台灣油脂、台灣電力等等各種的台灣公司，也都可以看到安田財閥的影子。

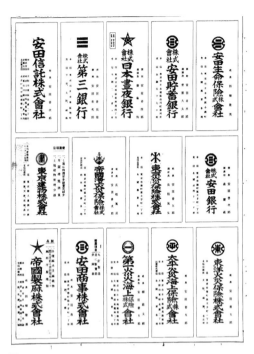

■ 1931 好多個安田事業廣告（*台日報）

■ 1929安田生命廣告（*台日報）

■ 安田財閥在台主要企業〔1945年左右〕

公司名稱	資本（千円）	成立年代	持股公司與持股率
台灣製藥	1,400	1912	安田保普社50%（1942年合併）
帝國纖維（台灣投資）	6,400	1941 1943	安田保善社9.7% 台灣事業部設置
台灣黃麻	5,000	1943	不明
高雄製藥	5,000		安田保善社9.7%（根據台灣銀行資料是48%）
台灣拓殖	60,000	1936	安田保善社9%
台灣電力	154,800	1919	安田人壽保險0.3%
日糖興業	150,000	(1941)	安田貯蓄銀行、安田生命2.1%
明治製糖	61,000	1906	安田貯蓄銀行1%

資料來源：涂照彥，《日本帝國主義下の台灣》（東京：東京大學出版會，1975年），頁339-340。轉引自關口剛司碩論。

此外，在日本近代化的產業
發展過程中，安田銀行對其他各
家銀行（包括三井、三菱、住友
財閥體系的銀行）和產業界都是
扮演資金後盾的重要角色。例如
融資給還在發展階段的淺野財

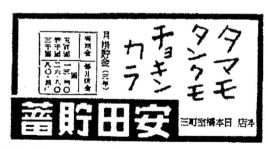

■ 戰爭期間安田鼓勵貯蓄（*台日報）

閥、根津財閥、大倉財閥等小規模財閥，讓他們的企業得以發展擴大；或大力支
持新興財閥如「森」集團和「日產」集團，尤其在戰爭期間，安田對被指定為軍
需產業的日產系列企業更是強力支持，包括Nichirei（原日本冷藏）、日本油脂
（安田是大股東）、日產汽車。也由於融資和經濟上的關係，這些財閥到今日，
都還與安田財閥（今富士集團）密切聯絡，甚至有垂直上的支配關係。

　　二次大戰結束後，安田財閥一樣因為「財閥解體」被迫解散，安田銀行被改
名為富士銀行，部份資產被凍結、連人員可以就職的公司都有限制（因為他們經
濟上的人脈和技能過於豐富，而且也是日本金融和工業界背後的最大金主）；後
來因為局勢轉換，讓各個獨立的公司又有合體的機會。由於安田各公司單位在過
去，不像三井、三菱一樣將旗下的組織連結得很緊密，因此各公司的「合體」時
間較晚，直到1960年代才以富士銀行為首，成立「富士集團」（或名FG：Fuji富
士），並因為日本稱富士山為芙蓉之峰，所以最核心的團體命名為「芙蓉會」
（芙蓉，ふよう，fuyo，是種美麗的花），安田財閥才以企業集團的形式慢慢復
活。「芙蓉會」下再依參加人員的層級，先後成立屬於副社長的「芙二會」、總
務部長的「芙總會」、企畫部長的「芙水會」，以及各加盟企業的「芙蓉懇談
會」。而「芙蓉會」的成員在富士集團本體外，延續二次大結束戰前的合作關
係，也包括日產、淺野、根津、大倉等的財閥集團等。這些財閥底下比較有名的
事業體如下：

　　淺野：鶴見埋立匿名組合（今東亞建設工業）、淺野水泥（今太平洋水
　　　　　泥）、日本鋼管（今JFE鋼鐵）。

　　日產：日產汽車（現為法屬公司）、日立製作所、新日礦HLD、日本冷藏、
　　　　　日本水產、日本油脂

　　根津：東武鐵道、日清製粉、日清紡績

　　大倉：大成建設、日清製油、太陽生命保險

■ 芙蓉懇談會的64個會員公司，其中台灣人比較熟的，有

瑞穗銀行	Hulic【不動產、保險】	沖電氣工業
Achilles【阿基里斯；材料】	UC card【信用卡】	京濱急行電鐵
山葉	大陽日酸	明治安田生命保險
丸紅	五洋建設	東京建物
大成建設	日本水產	東京建物不動產販売
太平洋水泥	日本精工	東京海上日動火災保險
松井建設	日油	東武鐵道
大氣社	日清紡Holdings	東亞建設工業
日立製作所	日清製粉集團本社	芙蓉綜合租賃
東京機械製作所	日產汽車	前田建設工業
淀川製鋼所	片倉工業	帝國纖維
日本損害保險	安田倉庫	昭和電工
JFE鋼鐵	西松建設	飛島建設
Canon【佳能】	住江織物	寶Holdings【飲酒、食品】
札幌啤酒		鐵建建設（株）

說明：1.除日清製粉集團本社與明治安田生命保險，以上均是股份有限公司。
　　　2.Holding：持株公司。
資料來源：富士 / 芙蓉集團網頁。

　　現在，富士（安田）集團的核心，名稱已經改為「瑞穗金融集團」（Mizuho
Financial Group，MHFG），以瑞穗銀行為中心，而瑞穗銀行是由舊富士銀行
（負責企業資金）、第一勸業銀行（負責普通小資金）、日本興業銀行（負責信
託業務）合併而成。集團另還有東京建物和安田不動產（含Hulic建築公司）兩間

負責地面和地上建築的不動產公司，旗下尚有多間子公司。例如1955年後因為經營不善而搖搖欲墜的高島屋飯田（從高島屋百貨分家出來的一支），本來要被三井家的三井物產買走，結果卻先被富士銀行主導的丸紅商事（屬伊藤忠集團，也是瑞穗集團的一員）合併，所以也成為安田的旁系子孫公司。而安田曾經擁有，但現在轉手他人的企業體，則有小湊鐵道（今京成電鐵）、昭和海運（日本油槽船和日產汽船合併產生，今日本郵船）、日之出郵船（與淺野財閥合資，今日本郵船）、沖電氣工業OKI（今日本電信電話，NTT集團）、岡山縣的中國鐵道（今日本鐵道部）。

　　這裡又要拉出來另外說明。富士集團之所以更名為「瑞穗集團」，當然是因為「瑞穗」（みずほ.mizuho）這個詞意義很好，在古中文和日文裡，都是指美麗的稻穗，而日本又有瑞穗國之稱，意思是指有美麗稻子果實的國家；富士集團採用「瑞穗」當新名號，就是取意自這個漂亮和深遠意義的典故。現在日本各地多可以看到以瑞穗為地名的地區：台灣花蓮的瑞穗，古名「水尾」，意思是秀姑巒溪之尾，也是因為出好米，在1930年代才被日本人改名為瑞穗的。如果與號稱是肥美稻田的「豐田」相比較，還可以遙相呼應呢。不論

■ 大阪機場內瑞穗銀行的匯兌業務

■ 姬路城附近的瑞穗銀行

使用「瑞穗」的理由為何，這個由多間銀行、證券商以及金融機構合併而成的瑞穗金融集團，2000年成立時曾一舉成為世界最大的金融集團，和東京證交所七成

的上市公司都有往來；但因為後來金融業盛行的合併風潮，所以他失去第一名的寶座。現在，2010年末時，他的總資產有1,619,857億日圓，而與他一起共享日本前三大金融集團者，還有2005年三菱東京金融集團和富士（UFJ，另一個富士集團）集團組成的「三菱UFJ金融集團」（MUFG），以及2002年三井、櫻花銀行和住友銀行合併組成的「三井住友金融集團」（SMFG）。

就是強調日本製造——日產

最後，因為日產集團對台灣人來說實在太日常而且太有名，他也曾經是安田財閥的重點扶助企業（當然現在關係也很好），所以這裡要另闢一節看看日產集團的結構。

日產集團（Japan Industries or Nippon Industries）的創始人是鯰川義介（1880-1967），山口縣人。他在東京帝大工科大學（今東京大學機械科）畢業後，就進入芝浦製作所（今東芝）工作，29歲時（1909年）自立門戶，設立戶畑鑄物公司。1927年，鯰川義介的内弟久原房之助，也是久原財閥的創始人，與鯰川的事業合夥，合併久原礦業（部分成為今日立）與戶畑鑄物（部分成為今日

■ 1900年代的日立礦業所（*日本科學技術史）

產），改名「日本產業」公司，這就是後來「日產」的名稱源起。

　　在電器機械與礦物原料的基礎上，日本產業也在日本近代化的過程中逐步發展，先後設立日立製作所、日產汽車、日本油脂、日本礦業、日立電力，還收購共同漁業（今日本水產）、大阪鐵工所（今日立造船）、中央火災海上（今日產海上火災）等，包括電子、通信、光學等等控股公司。在1939年《台灣日日新報》的一篇報導中，就介紹在日產系的事業公司中，日產、日立製作、日產化學工業、日本水產日本油脂等，是其中的「有力公司」。

　　其中，日立製作所（Hitachi）最早是1910年設立

■ 1942日本油脂販賣戰時特用「日產洗劑」（*台日報）

■ 1934年100噸日立循環冷氣，以阪急百貨的空調為試驗（*臺灣建築會誌）

的久原礦業日立礦山的電機修理廠，1912年分離出來成立久原礦業日立製作所。一次大戰時，日本許多原本仰賴進口的物品都無法順利進口，但國內仍有產業及民生需求，日立就是在這個時期發展他的事業本體，並逐步成為日本大型的電機製造商之一。接著在二次大戰時，因為軍需工業的發達，日立製作所增加對日本軍部在發電機、電動機、變壓器、遮斷器、配電盤、電線、絕緣材料、電裝品、火車、客貨車、起重機、壓縮機、幫浦、家庭用電器、電話用交換機、機車等等機械產品的供貨，再加上政府的支持，而得到更快速的發展；並在1940年的前後

■ 1941日立製作所馬達和產品類別廣告
（＊台日報）

Tōkyō Gas Company Manufactory, Tōkyō.

■ 1900東京的東京瓦斯工廠（＊日本之名勝）

幾年，日立製作所也相繼合併東京瓦斯電氣、理研真空工業、日昭電線伸銅、戶田鑄物，還有設立水戶工廠、茂原工廠、中央研究所、向島船渠。

在台灣日治時期的報紙裡，也不乏對日立製作所事業發展趨向的報導。例如1930年代「日產賣出日立製作所股票」、「日立電力增資」、「日立製作所決定增資」、「日立製作所，與國產工業合併」等的產業近況報導，也算是當時的財經新聞，而且還有報導各時期的資本金、股價、股票賣出張數、股東會議、當期利益金處分案……跟現在上市的股份有限公司幾乎一模一樣。又日立製作所與1930年代後的台灣，也有不少業務上的往來或活動。例如1934年，台灣電氣協會就邀請日立製作技師來台灣演講「冷凝界」（因為他們有製作冷氣、空調機），1938年，日立製作所更加強與台灣的合作，開始在台灣的台北設立分店「台北販賣所」，而且，台灣的發電機械，如大甲溪的發電機，或是台北水源地的水力設施等

2012台中月眉糖廠的日立牌老變電箱

1940日立製作所工廠一景

本店·營業所所在地

1940日立製作所

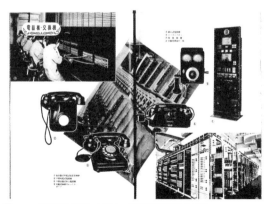

1940日立製作所（以上*日立製作所全貌）

1940日立製作所

等，也多可以見到日立製作所製造的產品。

二次大戰之後，日立製作所因為不能再製造任何軍需工業，只好朝向民生或產業工業發展，轉投資日本家電的五大件「收音機、電風扇、電視機、洗衣機、電冰箱」，後來再增入綜合空調的研發製造；在1950年代韓戰期間，也因為獲得美國大量的軍需訂貨，再得到迅速發展的機會。而台灣日立公司，則在1965年成立，在台灣的產品中尤其以冷氣空調最著名。而日立品牌的實際內涵，也遠比他在台灣廣告上所塑造的高格調還要豐富且多元許多。例如2012年2月驚傳申請破產保護的爾必達，全球第三大DRAM業者，就是由日立和NEC的記憶體部門合併而成。

至於日產汽車（Nissan），則創立於1933年，是今日日本三大汽車製造商之一，也是世界十大汽車公司之一。

日產汽車最早是1911年在東京成立的「快進汽車」，3年後產出第一輛車子DAT，意謂「疾如兔」。1926年，與位於大阪，1919年創立的「實用汽車製造」

■ 日立積極進出台灣（＊台日報）

■ 1940日立的臺北販賣所
（＊日立製作所全貌）

■ 1941快速！進步！日產汽車（＊台日報）

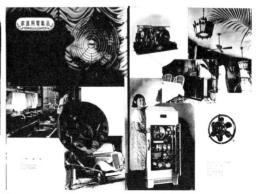

■ 1940日立家電（＊日立製作所全貌）

公司合併，首項成品是1930年推出的Datsonx汽車，十馬力。期間他曾幾度改名，但最後的公司名稱是「DAT汽車製造」公司。1930年代，製造汽車零件的戶口鑄造公司，取得DAT汽車公司多數股權，「DAT汽車製造」實際上是成為產鈿鑄物的汽車部門，其生產的汽車改名為「得勝（Datsun）」汽車。（感覺品牌名字繞來繞去，都有個sun的「產」或「太陽」發音在內）

1933年，戶口鑄造公司與日本產業公司共同出資1000萬日圓，創立汽車製造公司，繼續生產Datsun汽車；次年，公司名稱改為「日產汽車」公司（NISSAN），並首次外銷Datsun汽車。日產是「日本產業」的簡稱，商標圖是將品牌名稱NISSAN放在一個火紅的太陽上。同日野（Hino）和五十鈴（Isuzu）一樣，日產也採取了同歐洲公司合作的策略，所以曾推出一些長得像英國奧斯汀汽車的一系列車型。

接著在美國工業技術人員指導下，日產新設立位於橫濱的汽車工廠，於1935年開始運轉，

■ 1942呼應戰爭國策的日產汽車（＊朝日club）

■ 1937汽車展覽會　日產汽車出品的NISAN
各型車款（*臺灣自動車界）

■ 日產與大東亞一起放在台
灣自動車界雜誌封面（國
立臺灣歷史博物館提供）

生產日本式的小型汽車。這種小型車後來
就成為日產車的主要車型。1936年，日本
政府頒布汽車製造事業法，壓制外資，保
護國內的汽車產業，日產汽車因此獲得發
展機遇。

　　二次大戰期間，日產汽車一度改名稱
為「日產重工業」公司，也是日本重要的
軍車供應商；為了呼應國家的軍需需求，
他不只改產卡車和其他各種軍用車輛，生
產規模空前擴大，還在1942年研製生產教
練機和滑翔機。而日治時期的台灣，日產
也在1930年代開始來台灣設廠。首先是設
在東亞商工公司的汽車部，1938年才分離
獨立，成為「台灣日產汽車」公司，生產
「日產號ダットサン」（Datsun：日產汽
車製的小型汽車的商標名），與日產其他

■ 1938日產在高雄／台北（*台日報）

■ 1937大臣也搭乘台灣製Datsun號汽車

■ 1937汽車展覽會豐田汽車展覽會場

的汽車製品一起在台灣島內販售，並且在台北最高級的鐵道飯店舉行開業慶祝晚會。所以台灣在當時就已經有製造汽車的充足能力。同一年，日本總公司還大舉增資3000萬日圓，是最初創立時資本金的3倍。而且，因為台灣市場有很大的潛力，所以台灣公司成立不久後，總公司的山本物治專務就搭乘台旅客機來台灣視察，結果在國產汽車快速增產的策略基礎下，預定台灣在未來5年內要漸進地達成自給自足的能力目標。之後，台灣的確持續日產汽車的增產計畫、招聘員工，在台灣幾個重要區域開設營業所。

■ 1937台灣國產汽車電子招牌
（以上＊臺灣自動車界）

日産自動車
愈々本島進出
山本專務來臺

日産自動車販賣株式會社の別働隊として先般創設された日産自動車販賣株式會社を台北に北部營業所、南部營業所を設けて日産自動車のニツサン號、ダツトサン號其他の本島一手販賣を引受けるが開設につき先だち同社の販賣取締役山本氏は十七日名古屋發來すべく三郎氏は十六日名古屋發來した、日氏に先だち同社の販賣取締役大津本島に沿ひたる販賣會社設立のため努力することになつたに付日

右披露の爲め臺北地方の一般官民及取引先等約三百名を十八日午後五時半鐵道ホテルに招待する由

■ 日產汽車進出台灣（＊台日報）

只是後來因為戰爭時期的國家政策，台灣日產汽車公司和台灣國產汽車公司先是一起成為總督府的汽車及相關用品的配給機構，後來產生兩間公司的合併計畫，更後來是台灣國產汽車公司真的在1944年被併入台灣日產汽車公司之內。

ニツサン

ニツサン・トラツクとバス
自動車、貨物、半箇用シヤシー・低床式バス、シヤシー
是こそ躍進產業日本の第一線に
立つ經濟的強力車
臺灣日產自動車株式會社
北部營業所　臺北市榮町一丁目電話4637
南部營業所　臺南市大宮町一丁目電話242.66

■ 1938臺灣日產汽車營業所廣告
　（*臺南州自動車協會會報）

二次大戰結束後，日產汽車又從日產重工業公司回復他原本的名字「日產汽車」，而且恢復生產普通車輛；並從佔領軍那裡接受了修理軍用車輛的訂單。雖然國家和經濟百廢待舉，但1950年代的韓戰，讓日產從美軍和日本員警預備隊獲得大量訂單的資金，於是可以更新設備、建立新的生產體制。只是又因為政策關係，1947-1948年間，公司名稱一度改名為「日產重工業公司」（Nissan Heavy Industries Co.）；並且因為他過去外銷歐洲的「經驗」，所以即使在1960年代，日產開始生產自主研發的汽車時，他的發動機仍然來源於奧斯汀的設計。

他的汽車產品分實用型（即貨車、小型客貨車和四輪驅動車）、豪華型轎車和普通型轎車；到1985年時，公司生產汽車250萬輛，低於通用、豐田、福特而居世界第4位，比居第5位的雷諾公司多出近100萬輛。日本有句話說「西有豐田、東有日產」，除了豐田出自大阪的紡織廠，而日產出自東京的汽車公司的產地差異，也包括「豐田車以銷量見長，日產車以技術著稱」的實際面不同。此外，雖然三菱在重型機械工業方面有強勁實力，但日產在汽車方面，總體上是勝過三菱的。

■ 日產在台主要企業表

公司名稱	資本（千圓）	成立年代	持股公司與持股率
台灣肥料	2,000	1910	日本礦業55%
台灣化成工業	10,000	1937	日產化學100%
台灣油脂	620	1936	日本油脂49.4% 原是大川系，1939年取得經營權
台灣礦業	30,000	1925	日本礦業99.7% （1937年合併於日本礦業）
日立製作所（台灣投資）	1,500		
日本水產開發（台灣投資）	93,000		日本水產50%
台灣水產物	10,000		南日本漁業68%
日本水產（台灣投資）	1,000		
台陽礦業	10,000	1918	日本礦業31%
開洋磷礦	1,000	1937	不明

資料來源：涂照彥，《日本帝國主義下の台灣》（東京：東京大學出版會，1975年），頁340-341，轉引自關口剛司碩論。

　　但1980-1990年代，由於財政問題，日產汽車被法國雷諾收購控股，卡洛斯・戈恩（Carlos Ghosn）被任命為公司總裁，之後在戈恩的「日產復興計劃」（Nissan Revival Plan：NRP）下，日產強力反彈，旗下的日產和無限（Infiniti，北美豪華房車）兩個品牌都戲劇性地獲得新生。1985年，日產創建了一個新的賽車部門NISMO。而戈恩和日產的復興故事還出現在日本漫畫和流行文化中，戈恩也被明仁天皇授予日本藍綬褒章（the Japan Medal with Blue Ribbon）。但是日產汽車也不是之後就都沒有問題喔，像2006年日產汽車宣布召回問題車事件，就對他品牌的商譽造成不小影響。

　　現在，日產汽車公司是僅次於豐田的日本第二大汽車企業，除生產各型汽車外，還涉足機床、工程機械、造船和航太技術等領域，居世界最大工業公司的第17位，居日本第5位。

　　目前，日產集團旗下有77家企業，包括電子、通信、光學、日產船舶等等各

方面器械，而其連結日產關聯企業組織的集團是「日翔會」。其中，日產在1994年開始的TuKa行動電話服務，也在90年代的亞洲金融風暴時，於1999年出售給KDDI。

最後尾聲

我在寫這篇小文的期間，除了因為歐債危機引起的世界金融震盪，還先後遇到蘋果（Apple）的賈伯斯過世，和百年老牌的柯達（Kodak：尼康篇曾提到）申請破產之事。歐債危機常被與金融海嘯相比，是大環境的不景氣，企業發展之路上，每隔一段時期就會發生的難題；頭頭賈伯斯的過世，引起媒體一連串對蘋果身世解密的追逐，也包括想利用了解蘋果的過去，以推探它未來可能的發展和投資前景；以彩色底片起家的柯達，則因為轉型數位化過晚，而造成企業發展的危機。這三個事件，相信是各位頗有印象的歷史記憶；這三個事件，也同樣發生在過去許許多多企業成長的過程中。只要看完本書各個故事的人，一定對此深有感觸。

但是，說也奇怪，台灣人擁有「血濃於水」的傳統觀念，在地方選舉或介紹某某人時，會注重候選人和誰的關係如何、和地方的關係如何，但是在面對資本主義化的商業品牌時，卻往往不了解品牌的歷史和它的家族關係，好像一切都攤平在同一個平面的均質基礎上，牌牌平等且獨立，都是突然地變出來一樣，差別只剩下品牌給人的信任度，和產品的優劣性。

當然，在以商業為目的的社會裡，產品和品牌的確是一個企業對外宣示和立足的基本。但是身為頭好棒棒的消費者，身為對事物起源擁有好奇態度的人類，是否也要讓我們自己侷限於此？這本書的終極發想點就在這裡。

早在明清時代，台灣就已經有興盛的國際貿易。日本統治後，更是被強力的帶到資本主義和跟殖民母國商業連結的道路上。現在我們所熟知的各種日本品牌，只要是老牌子，幾乎日本時代都曾經在台灣出現過，不只販賣或設立分公司，更有在台灣設廠製造；我們以為的很多二次戰後才興盛的大公司大企業，其實在日本時代就已經為他們的事業打下厚實的基礎；此外，原來我們日常生活的

一切，都是被這些品牌背後的家族企業包圍著！

　　所以，這本書就從三井到佳麗寶、從三菱到麒麟啤酒、從住友到大日本製藥、從安田到日產……用幾個我們日常生活中頻繁看到的日系大牌子，以很單純而且概括式的方法，簡單說明品牌的歷史和他們背後的家族親屬連帶關係。我們也能從中感受到，原來各個品牌間的聯繫、台灣和國外產業的連結，以及我們現行生活和工商企業間，關係密切的程度是遠遠超過我們的想像。還有，我們也順便看到日本時期的台灣商工業生活，其實已經頗有起色、和這麼豐富。：>

　　有了這一層歷史認知的我們，不論在日常生活、投資營商、閱讀小說，甚至是面對理解人生的歷程上，都可以藉力使力，從更多的了解得到更強大的發揮應用與利用力量。以前我們都說要站在巨人的肩膀，才能看得更遠；企業和品牌是因為我們的支持而成長，我們當然也要反過來，站在他們的肩膀上更向前邁進。

致謝

　　這本書的構想在5年前就已經成形，但真正執筆，是2011年暑假，利用寫論文等候資料的餘暇而開始。雖然書寫的時間很短，但背後有5年歲月的經驗和學識累積：尤其是李永熾和蔡錦堂兩位老師先後開設的日本近代史專題課程，讓小佳我對產業和日本文化多認識許多。只是在下的腦袋瓜依舊很不足，所以圖文內容多少一定還有不成熟與不完整，還請各位先進不吝指教。此外，相對於日本對這類研究的熱烈，台灣在這5年間好像還沒有人寫類似的輕鬆題材，也讓我抱持不少詫異。

　　在寫文期間，最要感謝的是中研院人社中心衛生史計畫提供的史料和電子資源（本書本來有些醫藥衛生相關，後來因故捨去）。另外，發想不少使用和觀感idea的彭明敏先生、提供小說故事的李進億先生（其實他才是山崎小姐的擁護者）、給予寫文意見的水口拓壽先生（當然，文責還是要由敝人自負）、耐心處

理出版事宜的編輯蘇美嬌和蔡明慧小姐、同意提供圖片使用權利的三菱廣報委員會、三菱地所、三得利公司、麒麟啤酒公司，以及製作圖書資料庫、各網頁、所有曾經促使企業發展的員工和消費者，和正在閱讀本書的您，+3都要在此表達深深謝意（一鞠躬）。^ ^

　　最後，全書圖文若有任何不宜，尚祈指正。

資料來源

專書：

かぶと新報社編（1917）。《諸會社之解剖　甲編》。東京：かぶと新報社事務
　　所。

トヨタ自動車工業株式會社，日本自動車配給株式會社編（1943）。《トヨタ使
　　用便覽　KB型》。東京：日本自動車配給。

三井合名會社臺灣出張所（？）。《三井之茶業》。臺北：三井合名會社臺灣出
　　張所。

三井銀行（1895）。《合名會社三井銀行案內》。東京：三井銀行。

三島康雄編（1981）。《日本財閥經營史：三菱財閥》。東京：日本經濟新聞
　　社。

大阪新報社（1906）。《日本商工大家集　日露戰爭記念》。大阪：大阪新報
　　社。

中外產業調查會編（1937）。《財閥住友の新研究》。東京：中外產業調查會。

日本建築協會（1936）。《建築材料陳列場綜合型錄》。大阪：日本建築協會建
　　築材料陳列場。

日本科學史學會編集（1964）。《日本科學技術史大系》。東京：第一法規出
　　版。

王子製紙株式會社（1893）（1918）。《王子製紙株式會社案內增訂》。東京：
　　王子製紙。

王子製紙株式會社編（1925）。《王子製紙株式會社案內》。東京：王子製紙。

安岡重明編（1982）。《日本財閥經營史：三井財閥》。東京：日本經濟新聞
　　社。

西村將洋編（2004）。《モダン都市景觀》。東京：ゆまに書房。

住友本店（1899-1904）。《住友事業案內》。大阪：住友本店（4冊）。

住友別子鑛業所（1899）。《住友別子鑛山鑛業案內》。別子山村（愛媛縣）：
　　　住友別子鑛業所。

住友鑄鋼場（1903）。《住友鑄鋼場製品一覽》。大阪：住友鑄鋼場。

作道洋太郎編（1982）。《日本財閥經營史：住友財閥》。東京：日本經濟新聞
　　　社。

和田嘉衡編（1912）。《東京計器製作所案內》。東京：東京計器製作所。

岩橋重道，大橋和夫編纂（1924）。《廣告年鑑》。大阪市：萬年社。

明治製糖株式會社編（1920）。《創立十五年記念寫真帖》。？：明治製糖。

明治製糖株式會社東京事務所編纂（1936）。《明治製糖株式會社三十年史》。
　　　東京：明治製糖東京事務所。

東京芝浦電氣株式會社編（1940）。《芝浦製作所六十五年史》。東京：東京芝
　　　浦電氣。

持株會社整理委員會編（1950-1951）。《日本財閥とその解体》。東京：日本
　　　經濟新聞社。

株式會社安田銀行六十周年記念事業委員會（1940）。《安田銀行六十年誌》。
　　　東京：安田銀行。

伊藤重郎編（1939）。《台灣製糖株式會社史》。東京：台灣製糖株式會社東京
　　　出張所。

森永太一郎（1927）。《台灣を一週して》。東京：森永製菓。

鈴木貞次郎編（1908）。《最新實業界の成功者》。東京：精華堂。

豊田自動織機製作所（1937）。《トヨタ自動車躍進譜》。刈谷町（愛知縣）：
　　　豊田自動織機製作所自動車部。

廣告祭實行委員會（1933）。《廣告祭寫真帖》。臺北：廣告祭實行委員會事務
　　所。民新聞經濟部編（1935）。

《日本財閥の現勢力》。東京：千倉書房。

實業之世界社編（1913）。《三井と三菱》。東京：實業之世界社。

瀨川光行編（1900）。《日本之名勝》。東京：史伝編纂所。

經營史學會編（1996）。《日本會社史研究總覽》。東京都：文真堂。

台灣日日新報社（1994）。《台灣日日新報（含漢文版）1898-1945》。臺北：
　　五南圖書出版公司。

讀賣新聞社。《讀賣新聞》。東京：讀賣新聞社。

期刊論文：

《臺灣自動車界》11 (1939)。

《臺灣》6：2 (1935)。

《臺灣自動車界》7：3 (1938)。

《臺灣婦人界》3：10 (1936)。

《臺灣農事報》137 (1918)。

《臺灣警察時報》1 (1930)。

《臺灣鐵道》270 (1934)。

《糖業》215 (1932)。

黃馨儀（2007）。〈日治時期臺灣紅茶文化研究：以三井合名會社為例〉。國立
　　臺北大學民俗藝術研究所碩士論文，未出版，台北。

郭立婷（2010）。〈味覺新滋味：日治時期菓子業在臺灣的發展〉。國立政治大
　　學臺灣史研究所碩士論文，未出版，台北。

關口剛司（2003）。〈三井財閥與日據時期臺灣之關係〉。國立成功大學歷史研

究所碩士論文，未出版，台南。

資料庫：

臺灣歷史博物館「文物典藏查詢系統」（舊版）。http://digimuse.nmth.gov.tw/

Nmth_PubWeb/TSM/index.aspx

國家圖書館「台灣記憶」資料庫。http://memory.ncl.edu.tw/tm_cgi/hypage.

cgi?HYPAGE=index.hpg

各企業、公司網頁（按本書章節順序）：

三井廣報委員會www.mitsuipr.com/history/index.html

トヨタ自動車株式會社http://www.toyota.co.jp/

王子製紙株式會社http://www.ojipaper.co.jp/

ようこそ！森永製菓株式會社へhttp://www.morinaga.co.jp/index.html

サッポロビールhttp://www.sapporobeer.jp/

アサヒビールhttp://www.asahibeer.co.jp/

ヱビスビール記念館http://www.sapporobeer.jp/brewery/y_museum/

サントリーホームページhttp://www.suntory.co.jp/

クラシエたいせつなことhttp://www.kracie.co.jp/

カネボウ化粧品http://www.kanebo-cosmetics.co.jp/

三菱グループhttp://www.mitsubishi.com/j/group/about.html

三菱鉛筆株式會社http://www.mpuni.co.jp/

三菱重工業株式會社http://www.mhi.co.jp/index.html

三菱自動車工業株式會社http://www.mitsubishi-motors.com/jp/index.html

株式會社ニコンhttp://www.nikon.co.jp/

田邊三菱製藥株式會社http://www.mt-pharma.co.jp/

台灣田邊製藥股份有限公司www.tanabe.com.tw/

株式會社明治製菓http://www.meiji.co.jp/

大日本明治製糖株式會社http://www.dmsugar.co.jp/company/c_history.htmll

麒麟麥燒酎ピュアブルーhttp://www.kirin.co.jp/brands/sw/pureblue/index.html

住友グループ廣報委員會www.sumitomo.gr.jp

瑞穗銀行http://www.mizuho-fg.co.jp/index.html

芙蓉懇談會http://www.ffnet.or.jp/fines/corporation/index.html

春光懇話會のあゆみhttp://www.shunko.jp/shunko/enkaku/enkaku.html

日立についてhttp://www.hitachi.co.jp/

日產自動車會社情報http://www.nissan.co.jp/CORPORATE/

國家圖書館出版品預行編目資料

牌牌原來一家親：日本品牌家族企業史 / 沈佳姍作. --

初版. --臺北市：台灣書房, 2012.06

　　面；　公分. --(閱讀臺灣；8V42)

ISBN 978-986-6318-69-6 (平裝)

1.集團企業 2.家族企業 3.歷史 4.日本

553.7931　　　　　　　　　　　101007533

閱讀台灣　　　　　8V42

牌牌原來一家親──
日本品牌家族企業史

作　　　者	沈佳姍(104.5)
主　　　編	Meichiao
編　　　輯	蔡明慧
封面設計	吳聲玟

發　行　人	楊榮川
出　版　者	台灣書房出版有限公司
地　　　址	台北市和平東路2段339號4樓
電　　　話	02－27055066
傳　　　真	02－27066100
郵政劃撥	18813891
網　　　址	http://www.wunan.com.tw
電子郵件	tcp@wunan.com.tw
總 經 銷	朝日文化事業有限公司
地　　　址	新北市中和區橋安街15巷1號7樓
電　　　話	02－22497714
傳　　　真	02－22498715

顧　　　問	元貞聯合法律事務所　張澤平律師

出版日期	2012年6月 初版一刷
定　　　價	新台幣250元整

台灣書房

台灣書房